Partizipation und Entwicklung

Die Bedeutung gesellschaftlicher Teilhabe
an Entwicklungsprozessen und die Realität
der neuen Poverty Reduction Strategy der Weltbank

von

Andreas Thermann

Tectum Verlag
Marburg 2005

Thermann, Andreas:
Partizipation und Entwicklung.
Die Bedeutung gesellschaftlicher Teilhabe an Entwicklungsprozessen
und die Realität der neuen Poverty Reduction Strategy der Weltbank.
/ von Andreas Thermann
- Marburg : Tectum Verlag, 2005
ISBN 978-3-8288-8825-8

Tectum Verlag
Marburg 2005

Inhaltsverzeichnis

People cannot be developed; they can only develop themselves. For while it is possible for an outsider to build a man's house, an outsider cannot give the man pride and self-confidence in himself as a human being. Those things a man has to create himself by his own actions. He develops himself by making his own decisions, by increasing his understanding of what he is doing, and why; by increasing his own knowledge and ability, and by his own full participation – as an equal – in the life of the community he lives in.[1]

Einleitung

Die vorliegende Arbeit untersucht den Zusammenhang zwischen Partizipation, Entwicklung und Armutsreduzierung. Dabei liegt das Hauptaugenmerk dem Titel entsprechend auf Partizipation und damit auf der in der Triade enthaltenen neuen – oder wieder entdeckten – Lösung für die beiden weniger neuen als anhaltend aktuellen und hartnäckigen Probleme. Zusätzliches Gewicht erhält das Konzept der Partizipation, da mit der Forderung nach Partizipation auch die Abkehr von der undemokratischen entwicklungspolitischen Praxis der externen Politikgestaltung eingeläutet werden kann. Das geistige Eigentum (*ownership*) über den eigenen Entwicklungsweg soll in die Hände der Länder und ihrer Bevölkerungen gelegt werden. Fundamentale Entscheidungen wurden bisher oft durch die Washingtoner Internationalen Finanzinstitutionen (IFIs) getroffen und nicht durch einen demokratischen Prozess innerhalb der Länder und deren Institutionen. So konnten für die Erteilung von Krediten der Weltbank und des Internationalen Währungsfonds (IWF) weitreichende Forderungen gestellt werden. Die insbesondere nach dem Ende des Kalten Krieges von der internationalen Gebergemeinschaft massiv erhobene Forderung nach Demokratisierung wurde durch diese gleichzeitige Außensteuerung der auf Kredite angewiesenen Länder konterkariert und auf eine Formalie reduziert.[2] Nun gibt es eine Chance, die Form mit Leben zu füllen.

Weltbank und IWF ersetzen zumindest offiziell und öffentlichkeitswirksam geheime Verhandlungen mit Regierungen und die Entscheidungsfindung in Washington durch Partizipation der betroffenen Menschen im Rahmen der Poverty Reduction Strategies (PRS).

If we fail to allow time to genuinely open the process to different development actors and to the poor themselves, in the design, implementation and monitoring of poverty reduction strategies, we might win some immediate battles, but we'd lose the long-run war to develop accountable institutions that are essential to

---

[1] Nyerere, Julius: Freedom and Development. 1973. Zitiert nach: Nebelung (1986), S. 68.
[2] Vgl. The Economist: The rulers, the ruled and the African reality. September 18th 1997.

poverty reduction. Drafting strategy papers in Washington that are subsequently signed off by governments in the name of the people should be a thing of the past.[3]

Andere multi- oder bilaterale Geber wollen dem nicht nachstehen, falls sie denn nicht vielmehr der Schrittgeber für die IFIs waren. Leitlinien für partizipative Entwicklung sind jedenfalls zum Standard-Repertoire geworden. Das Development Assistance Committee (DAC) der Organisation for Economic Co-operation and Development (OECD) gab bereits 1995 die Richtlinien zu „Participatory Development and Good Governance"[4] heraus. Darin wird die Bedeutung von Partizipation, Demokratisierung, Good Governance und den Menschenrechten für nachhaltige Entwicklung hervorgehoben. Das Bundesministerium für wirtschaftliche Zusammenarbeit und Entwicklung (BMZ) verabschiedete ein sektorübergreifendes Konzept „Partizipative Entwicklungszusammen-arbeit"[5] im September 1999.

„Partizipation ist heute ein weltweit von allen EZ-Organisationen anerkannter Grundsatz. Ausschlaggebend dafür war die sich in den 80er Jahren durchsetzende Erkenntnis, dass die Nachhaltigkeit von armutsorientierten Programmen und Projekten ohne Partizipation nicht abgesichert werden kann."[6] Eng damit verbunden ist die Forderung nach Entwicklungsleitlinien, die vom jeweiligen Staat unter möglichst großer Einbeziehung der Zivilgesellschaft selbst erarbeitet werden sollen. Dabei bildet der aktuelle und hier untersuchte PRS-Prozess der Weltbank und des IWF den Abschluss einer nahezu zehnjährigen Entwicklung.[7]

Auch wenn Partizipation im Trend der aktuellen entwicklungspolitischen Debatte liegt,[8] so ist dies kein neues Konzept. Bereits in den 60er Jahren wurde Partizipation im kleinen Rahmen durch Projekte der *community development*[9] unterstützt. In den 80er Jahren erarbeiteten Unterorganisationen der Vereinten Nationen Entwicklungskonzepte mit dem Ziel der Partizipation. Die Food and Agricultural Organisation (FAO)

---

[3] Wolfensohn, James D.: Briefing notes from „Remarks to the Joint Interim Development Committee on the Enhanced Poverty Reduction Strategy". Zitiert nach: Weltbank (2002), S. 237.

[4] OECD (1995).

[5] BMZ (1999). Dieses Konzept ersetzte die beiden Konzepte „Soziokulturelle Kriterien für Vorhaben der Entwicklungszusammenarbeit" von 1992 und das sektorübergreifende Zielgruppenkonzept „Die beteiligten Menschen in der Entwicklungszusammenarbeit" von 1995.

[6] BMZ (1999), S. 5.

[7] Vgl. OECD (2001), S. 71.

[8] Partizipation wird bereits ein *„Heinekenesque status"* [Oakley (1995), S. 2.] zugeschrieben, also der Status eines in jeden Winkel der Welt vordringenden Phänomens.

[9] Vgl. Nester-Niedermann (1984).

erarbeitete das Konzept der *people's participation*, das United Nations Research Institute for Social Development (UNRISD) das der *popular participation* und der United Nations Children's Fund (UNICEF) das der *community participation*.[10] Die Umsetzung partizipativer Entwicklungsstrategien blieb aber lange gegenüber der Rhetorik im Hintertreffen.[11] Dies könnte sich mit den zuvor aufgeführten, entwicklungspolitischen Konzepten der Jahrtausendwende ändern.

Beim Lesen vieler aktueller Papiere und Studien fällt allerdings auf, dass der Nutzen der Partizipation bereits nach wenigen Sätzen festgestellt, jedoch nicht begründet ist. Es ist deshalb die erste Aufgabe dieser Arbeit, die Bedeutung der Partizipation für Entwicklung und, eng damit verbunden, Armutsreduzierung aufzuzeigen. Dies wird als notwendige und wichtige Grundlage erachtet, um darauf aufbauend Partizipation im PRS-Prozess zu messen. Denn ohne zu wissen, in welchem Zusammenhang Partizipation und Entwicklung stehen und wie Partizipation aussehen sollte, um Entwicklung und Armutsreduzierung zu fördern, kann keine sinnvolle Untersuchung der Partizipation erfolgen. Deshalb wird aus theoretischen Quellen und der Praxis die Begründung für den Wert der Partizipation im Entwicklungsprozess erarbeitet. Es soll dabei auf die demokratietheoretischen Grundlagen, deren Bedeutung im entwicklungspolitischen Diskurs sowie auf bisherige Erfahrungen bei der Förderung der Partizipation eingegangen werden.

Eng damit verbunden ist die zweite Aufgabe: die Ausarbeitung eines allgemeinen Kriterienrasters zur Messung der Partizipation. Dieses Raster soll die notwendigen Bedingungen abbilden, die Partizipation erfüllen muss, um Entwicklung und Armutsreduzierung zu fördern. Diese Bedingungen werden aus den dargestellten Theorien abgeleitet.

An die Erstellung des Kriterienrasters schließt drittens ein empirischer Teil mit zwei Länderstudien zur Partizipation im PRS-Prozess in Uganda und Nicaragua an. Dabei ist vor allem die Einschränkung der geringen Fallzahl und der Möglichkeiten einer *desk study* zu beachten. Es kann also keine allgemeingültige Aussage über den Stand der Partizipation im PRS-Prozess getroffen werden, sondern lediglich hinsichtlich der beiden Länder. Der Stand der Partizipation soll in dem jeweiligen Land mit der Hilfe des entworfenen Kriterienrasters gemessen werden. Dabei soll auch die Veränderung der Kriterien über die Zeit ordinal im Rahmen einer Längsstudie erfasst werden. Allerdings erlaubt die bisherige kurze Dauer des Prozesses diesem Vorhaben noch keine erschöpfenden Ergebnisse. Die

---

[10] Vgl. Nebelung (1986), S. 1.
[11] Vgl. DAC (1997), S. 22.

Anwendung des Kriterienrasters dient dementsprechend primär der Untersuchung des Standes der Partizipation in beiden Ländern und der Beurteilung der Nützlichkeit des entworfenen Kriterienrasters für weitere Untersuchungen. Dabei kann sowohl an umfassendere Längsstudien in späteren Stadien des Prozesses und in weiteren Ländern als auch an eine Querschnittsstudie mit einer „kardinalisierten" Version des Kriterienrasters gedacht werden.

Die Zusammenfassung der Ergebnisse hinsichtlich des momentanen Standes der Partizipation im PRS-Prozess der beiden untersuchten Länder sowie die Beurteilung der Nützlichkeit des Kriterienrasters für weitere Untersuchungen und als mögliches Bewertungsinstrument der Weltbank für die Partizipation im PRS-Prozess schließen die Arbeit viertens ab.

1. Hinführung

1.1. Der Anfang und das Ende der Strukturanpassungsprogramme (SAP)

Die Weltbank hat in ihrer Geschichte einige Strategiewechsel vollzogen. Zu Beginn wurde vor allem in große Infrastrukturprojekte investiert. Als der erwartete *trickle down*-Effekt ausgeblieben war und die weltweite Rezession der 70er Jahre die Armutsproblematik verstärkte, steuerte die Weltbank unter ihrem Präsidenten Robert McNamara (1968-1981) um. Ihre neue Strategie umfasste die Konzepte der *basic needs* und des *investment in the poor*. Dadurch sollten sowohl Wachstum als auch eine Senkung der Einkommensungleichheit erreicht werden. Die Weltbank kann allerdings nicht unabhängig von ihren Geldgebern, den Staaten, agieren. Insbesondere die USA, die inoffiziell das Recht zur Berufung des Weltbankpräsidenten haben, beeinflussen die Politik der Bank stark. Als in den 80er Jahren mit Ronald Reagan in den Vereinigten Staaten und Margaret Thatcher in Großbritannien die Politik einflussreicher Mitgliedsländer wieder durch konservative Regierungen gestaltet wurde, bedeutete dies auch einen erneuten Wandel der Weltbank. Es entstand der im Nachhinein so bezeichnete Washington Consensus, der das zuvor verworfene Paradigma, Wachstum sei gut für alle, wieder belebte und Maßnahmen zur Erreichung des Wachstums definierte.[12]

Der Ökonom John Williamson begründete 1990 den Begriff Washington Consensus. Er verstand darunter den kleinsten gemeinsamen Nenner der Politikratschläge der IFIs für die lateinamerikanischen Länder. Er hat mit diesem Begriff zehn Maßnahmen verbunden: (1) staatliche Finanzdisziplin, (2) Priorität bei den öffentlichen Ausgaben zugunsten von Bereichen wie Gesundheit, Bildung, Infrastruktur, (3) eine Steuerreform zur Senkung der Sätze und Erweiterung der Steuerbasis, (4) Liberalisierung der Zinsen, (5) ein angemessener Wechselkurs, (6) Handelsliberalisierung, (7) Liberalisierung des Finanzmarktes für ausländische Direktinvestitionen, (8) Privatisierung, (9) Deregulierung zur Erleichterung des Markteintritts und Marktaustritts, (10) Sicherung der Eigentumsrechte.[13] Dieses Konzept aus dem volkswirtschaftlichen Lehrbuch mag bei einer kohärenten Umsetzung und den notwendigen institutionellen Voraussetzungen erfolgreich sein. Jedoch wurde erstens die Bedeutung der (fehlenden oder eingeschränkt funktionstüchtigen) Institutionen unterschätzt beziehungsweise außer Acht gelassen.[14] Zweitens muss das Land die Umsetzung der Reformvorschläge befürworten. Die Erzwingung durch Konditionalitäten hat sich als nicht

---

[12] Vgl. Sehring (2003), S. 11f.
[13] Vgl. Williamson (2000), S. 252f.
[14] Vgl. Weltbank (1997b).

zielführend erwiesen.[15] Am Ende wurden zudem drittens die differenzierten Empfehlungen verkürzt zu der Empfehlung: „Liberalize as much as you can, privatize as fast as you can, and be tough in monetary and fiscal matters."[16]

Die Weltbank setzte den Washington Consensus durch Strukturanpassungs- und der IWF durch Stabilisierungsprogramme um. Die Weltbank analysierte die Situation des Landes in einer Country Assistance Strategy (CAS), auf deren Grundlage die durchzuführenden Maßnahmen mit dem Schuldnerland im Kreditabkommen vereinbart wurden. Der IWF legte seinen Krediten und Konditionalitäten ein Policy Framework Paper (PFP) zugrunde, das neben dem IWF auch durch das Schuldnerland unterzeichnet wurde und ursprünglich ein gemeinsames Dokument mit der Weltbank sein sollte, deren Beteiligung aber mit der Zeit zurückging. Mit detaillierten Maßnahmenkatalogen versuchte die Weltbank, die wirtschaftlichen Anreizstrukturen der jeweiligen Volkswirtschaften mittelfristig deutlich zu verbessern. Die Hoffnung, dies innerhalb weniger Jahre zu erreichen, erfüllte sich nicht. In vielen Ländern ist diese Strukturanpassung in weiten Bereichen bis zum heutigen Tag nicht durchgesetzt. Den Stabilisierungsprogrammen des IWF, die durch eine Abwertung der Währung und durch eine kontraktive Fiskalpolitik kurzfristig die Zahlungsbilanzen ausgleichen sollten, war kein wesentlich besseres Los beschieden.[17] Auf der Grundlage des Washington Consensus ergänzten sich die Programme der beiden Institutionen. Zudem entschied sich die Weltbank in der Regel erst für eine Förderung durch einen Strukturanpassungskredit, nachdem der IWF eine Vereinbarung mit dem Land abgeschlossen hatte.[18] Diese *cross-conditionality* ist allerdings rechtlich unzulässig.[19] Die Aufgabenteilung zwischen der Weltbank und dem IWF wurde mit der Zeit immer undeutlicher.

Von Anfang an wurden die SAP kritisiert. Vor allem UN-Organisationen, in denen Entwicklungsländer gemäß dem „Ein Staat, eine Stimme"-Proporz die Mehrheit stellen, und Nichtregierungsorganisationen (NROs) wiesen insbesondere auf die negativen sozialen Auswirkungen hin. Die Weltbank versuchte, beispielsweise mit der Social Dimension of Adjustment (SDA), auf diese Kritik zu reagieren. Doch die Weltbank musste sich nicht nur dieser Kritik von außen erwehren. 1992 wurde der Wapenhans Report vorgelegt, der deutliche Selbstkritik übte und über ein Drittel der bisherigen Weltbankprojekte als Fehlschläge einstufte. Hier wurde erstmals die

---

[15] Vgl. Mosley/Harrigan/Toye (1995) und Weltbank (1994).
[16] Kolodko (1998), S. 2.
[17] Vgl. u.a. Thiele/Wiebelt (2000).
[18] Vgl. Sehring (2003), S. 13.
[19] Vgl. Leckow (2002), S. 5.

Partizipation aller sozialen Gruppen an Weltbankprojekten gefordert, um so das *ownership* und die nationale Verantwortung für die Umsetzung der Projekte zu stärken.[20] Außerdem geriet die Politik der Weltbank und des IWF sowohl durch das so genannte Asian Miracle als auch durch die Asienkrise in die Defensive. Sowohl der Aufstieg der Länder Südost- und Ostasiens als auch deren Fall widersprachen den Grundsätzen der Strukturanpassungs- und Stabilisierungsprogramme. So war oftmals ein starker Staat Voraussetzung für den ökonomischen Erfolg. Regierungen regulierten die Finanzmärkte, Regierungen griffen in das Handelssystem ein und einige Regierungen gründeten sogar produktive Staatsbetriebe.[21] Und die Asienkrise wurde nach Ansicht der meisten Ökonomen vor allem durch die vorschnelle Liberalisierung der Finanzmärkte sowie die während der Krise vom IWF durchgesetzten Maßnahmen verstärkt.[22]

Neben Kritik an den eintretenden negativen und den ausbleibenden positiven Folgen sowie der Widerlegung der Grundannahmen der Strukturanpassungs- und Stabilisierungsprogramme geriet das Programm von Weltbank und IWF zudem von ideeller Seite unter Druck. 1990 veröffentlichte das Entwicklungsprogramm der Vereinten Nationen (UNDP) bereits erstmals den seitdem jährlich erscheinenden Human Development Report (HDR) und den Human Development Index (HDI).[23] Neben dem ökonomischen Indikator des Pro-Kopf-Einkommens gehen in die Bewertung der Bildungsstand und die Lebenserwartung ein. 1995 rückte soziale Entwicklung durch den World Summit for Social Development (WSSD) endgültig auf die internationale Agenda. 1996 erschien schließlich der Bericht „Shaping the 21st century"[24] des DAC. Hierin wurden Variablen entwickelt, um die Fortschritte auf dem Weg der sozialen Entwicklung zu messen. Dieser Bericht bildet die Grundlage der Millenium Development Goals (MDG) der Vereinten Nationen.[25] Zu den Zielen gehören unter anderem die Reduzierung der materiellen Armut ebenso wie die allgemeine Grundbildung, die Geschlechtergerechtigkeit, die Gesundheitsversorgung und der Umweltschutz.[26]

Der 1995 unter der demokratischen Regierung Clinton in den USA ins Amt gekommene Weltbankpräsident James Wolfensohn leitete die Neuausrichtung der Weltbank ein. Er und ab 1997 Joseph Stiglitz als

---

[20] Vgl. Sehring (2003), S. 15f.
[21] Vgl. Sehring (2003), S. 30.
[22] Vgl. u.a. Stiglitz (2002), S. 89ff.
[23] Online unter http://hdr.undp.org/aboutus/default.cfm
[24] DAC (1996).
[25] Vgl. Sehring (2003), S. 21.
[26] Weitere Informationen bietet die Webseite des UNDP zu den MDG. Online unter http://www.undp.org/mdg/

Chefökonom öffneten die Weltbank gegenüber ihren Kritikern.[27] Anlässlich der Jahrestagung von IWF und Weltbank 1997 sprach Wolfensohn über „Die Herausforderung der Integration"[28]. Soziale Ungleichheit und Marginalisierung seien die zentralen Herausforderungen der Entwicklungspolitik. Anfang 1999 stellte Wolfensohn schließlich den Comprehensive Development Framework (CDF) vor, den inhaltlichen Wegbereiter des Poverty Reduction Strategy Paper (PRSP).[29] Der CDF sollte durch *ownership* des jeweiligen Landes, Ergebnisorientierung, Koordination der Geber und durch einen ganzheitlichen Ansatz geprägt sein.[30] Der ganzheitliche Ansatz bedeutete die Einbeziehung nicht nur der makroökonomischen, sondern auch der institutionellen, sozialen, infrastrukturellen, mikroökonomischen und landesspezifischen Ebene.[31]

1.2. Der Poverty Reduction Strategy-Prozess

1.2.1. Die Entstehung der Poverty Reduction Strategy Papers

> The PRSP will, in effect, translate the Bank's Comprehensive Development Framework (CDF) principles into practical plans for action.[32]

Das Entstehen des Instruments der PRSP hängt eng mit der Heavily Indebted Poor Countries (HIPC-) Initiative[33] und dem G8-Gipfel in Köln 1999 zusammen. Die HIPC-Initiative, angestoßen durch den G7-Gipfel in Halifax 1995, hatte bis dahin kaum Fortschritte gemacht. Die Beschlüsse des G8-Gipfels in Köln gingen auf die an der bisherigen HIPC-Initiative geäußerte Kritik ein und erleichterten den Schuldenerlass.[34] Allerdings wurde weiterhin nicht auf Konditionalitäten verzichtet. Für die Entschuldung musste ein SAP abgeschlossen werden. Allerdings sollte sich dieses SAP in Zukunft auf Armutsreduzierung konzentrieren, in einem partizipativen Prozess entstehen und die Verwendung der durch die Entschuldung frei werdenden Mittel für Armutsreduzierung sicherstellen. Weltbank und IWF sollten Pläne für die Umsetzung eines solchen „enhanced framework for poverty reduction"[35] vorlegen. Auf der Jahrestagung der Weltbank und des IWF im September 1999 wurde die

---

[27] Vgl. Jakobeit (1999), S. 124.
[28] Wolfensohn (1997).
[29] Vgl. Wolfensohn/Fischer (2000).
[30] Vgl. Weltbank (2003c), S. 6ff.
[31] Vgl. Weltbank (2003c), S. 8.
[32] Weltbank (2000f), S. 3.
[33] Weitere Informationen bietet die Webseite der Weltbank zur HIPC-Initiative online unter http://www.worldbank.org/hipc/
[34] Vgl. Sehring (2003), S. 37.
[35] Finanzminister der G7 (1999), Punkt 6.

Poverty Reduction Strategy vorgestellt und die Erweiterung der HIPC-Initiative im Sinne der Kölner Beschlüsse. Das Development Committee, welches den Vorstand der Weltbank und des IWF bei Entwicklungsfragen berät, entschied zudem, jede Förderung der International Development Association (IDA)[36] und des IWF für *low-income countries* von der Vorlage eines PRSP abhängig zu machen und damit unter den Primat der Armutsreduzierung zu stellen.[37] Der IWF schuf zu diesem Zweck die Poverty Reduction and Growth Facility (PRGF). Die PRGF ersetzte die Enhanced Structural Adjustment Facility (ESAF) der Stabilisierungsprogramme. Das dem PRGF entsprechende Instrument der Weltbank ist der Poverty Reduction Support Credit (PRSC), der langfristig die Strukturanpassungskredite der Weltbank dominieren soll. Trotz der zuvor genannten rechtlichen Bedenken soll zwischen der Unterstützung durch einen PRSC und einer PRGF weiterhin eine *cross-conditionality* bestehen.[38]

Ein PRSP soll *country ownership* durch breit gefasste Partizipation erreichen, einem ganzheitlichen Ansatz der Entwicklung und Armut genügen, ergebnisorientiert sein, die Grundlage für alle Geber bilden und als langfristiger Prozess verstanden werden.[39] Das PRSP soll die unterschiedlichen Politikfelder insbesondere hinsichtlich deren Auswirkung auf Armut analysieren. Darauf aufbauend sollen in dem Papier Prioritäten und Strategien zur Entwicklung und Armutsreduzierung dargelegt werden.[40] Dieses Papier „gehört" dem Land. Weder Bank noch IWF können Änderungen daran verlangen. Zwar soll dieses Papier die Grundlage für konzessionäre Hilfe (gegenüber Marktbedingungen vergünstigte Kredite) der Weltbank bilden, jedoch bedeutet dies nicht, dass das PRSP die Grundlage eines Kredites bildet. Stattdessen wird von der Weltbank weiterhin eine CAS verfasst. Auf der Grundlage der landesspezifischen Economic and Sector Work (ESW)[41] werden die

---

[36] Die IDA und die International Bank for Reconstruction and Development (IBRD) begründen die Weltbank. Die IDA ist zuständig für konzessionäre Hilfe und zinslose Darlehen an die ärmsten Länder. Der Anteil der IDA betrug 2003 fast 40 Prozent der Darlehenszusagen der Weltbank (7,3 Milliarden US-Dollar von insgesamt 18,5 Milliarden) und rund 60 Prozent der neu geförderten Projekte (141 von insgesamt 240). Die Weltbank-Gruppe besteht neben IDA und IBRD zudem aus der International Finance Corporation (IFC) und der Multilateral Investment Guarantee Agency (MIGA) sowie dem International Center for the Settlement of Investment Disputes (ICSID). Vgl. Weltbank (2003e).

[37] Vgl. Development Committee (1999), Punkt 5.

[38] Vgl. Weltbank (2001), Bank/IMF Coordination.

[39] Vgl. Weltbank (2002), S. 3.

[40] Vgl. Weltbank (2002), S. 4.

[41] Im Rahmen der ESW werden Analysen, Strategiepapiere, Workshops und Konferenzen zu bestimmten entwicklungsrelevanten Fragen angeboten. Diese umfassen beispielsweise Poverty Assessments, Public Expenditure Reviews oder Institutional and Governance Reviews. Beispiele können online unter http://www.countryanalyticwork.net abgerufen werden.

Angemessenheit, die Ernsthaftigkeit des Landes und seine Kapazität für die Implementierung des PRSP durch ein Joint Staff Assessment (JSA) von Mitarbeitern der Weltbank und des IWF beurteilt.[42] Die Angemessenheit wird danach beurteilt, inwiefern die Strategie dauerhaftes Wachstum und Armutsreduktion sowie das Erreichen der MDG fördert. Diese Beurteilung und das PRSP finden ihren Niederschlag in der CAS,[43] der „business strategy"[44] der Weltbank für das jeweilige Land. Während das PRSP die eine bisherige Funktion der CAS übernimmt, die Darlegung und Diagnose des Entwicklungskontextes des Landes und strategischer Herausforderungen, soll sich die CAS nun unter Berücksichtigung des PRSP auf die zweite Aufgabe konzentrieren, die Darstellung des Programms der Bank zur Unterstützung des Landes.[45] Konditionalitäten bestehen bei der Kreditvergabe durch Weltbank und IWF fort. Allerdings sollen sich diese Konditionalitäten an die Ziele des PRSP halten. Je besser ein PRSP in Bezug auf Ziele, Umsetzung, Zeitrahmen sowie nicht zuletzt *ownership* und Partizipation ausgearbeitet ist, desto weniger Spielraum wird Weltbank und IWF theoretisch eröffnet.[46]

Ein PRSP soll auf die Sicht von 15 Jahren geschrieben werden. Jedes Jahr muss das Land einen Fortschrittsbericht (PRSP Progress Report) vorlegen. Alle drei Jahre wird ein PRSP aktualisiert. Für die Beschleunigung der HIPC-Initiative und um für eine Übergangszeit konzessionäre Kredite auch ohne ein fertiges PRSP zu ermöglichen, wurden einige zusätzliche Instrumente geschaffen. Ein Interim-PRSP (I-PRSP) ist sowohl übergangsweise als Grundlage für konzessionäre Kredite als auch zur Erreichung des *decision point* der HIPC-Initiative zugelassen. Am *decision point* werden die Kriterien für die Zulassung zum HIPC-Prozess kontrolliert. Im I-PRSP sollen die wichtigsten bisherigen und zukünftigen Politiken zur Armutsreduzierung sowie ein Plan zur Ausarbeitung des PRSP dargestellt werden. Falls das Land das I-PRSP nicht partizipativ gestaltete, sollte zumindest dargelegt werden, wie Partizipation bei der Erstellung des endgültigen PRSP berücksichtigt werden soll.[47] Da einige Länder die Frist von einem Jahr ab der Vorlage eines I-PRSP bis zur Erstellung eines endgültigen PRSP versäumten, wurde zudem die Möglichkeit der Vorlage eines PRSP Preparation Status Report geschaffen, um den Zugang zu konzessionärer Hilfe bis zur Fertigstellung des PRSP aufrecht zu erhalten. Für die Erreichung des *completion point*, den Punkt der Entscheidung über die Entschuldung im Rahmen der HIPC-Initiative,

---

[42] Vgl. Weltbank (ohne Jahr), Punkt 2.
[43] Vgl Weltbank (1999b), S. 1.
[44] Weltbank (2000d), S. 6.
[45] Vgl. Weltbank (2000d), S. 6.
[46] Vgl. ODI (2001), S. 21.
[47] Vgl. IWF/IDA (2000c), S. 2.

muss ein PRSP ein Jahr lang erfolgreich umgesetzt werden. Im Juli 2003 war ein PRS-Prozess in 53 Staaten bereits über den Status des Interim-PRSP hinaus. 21 Staaten hatten ein Interim-PRSP, aber noch kein vollständiges PRSP vorgelegt. 32 Staaten hatten bereits ein vollständiges PRSP vorgelegt. Von diesen 32 Staaten hatten zudem fünf einen Progress Report und weitere vier Staaten zwei Progress Reports verfasst.[48]

1.2.2. Partizipation und Poverty Reduction Strategy Papers

Für die vorliegende Arbeit ist insbesondere die Partizipation im PRS-Prozess interessant. Statt die Entmachtung der Länder fortzuschreiben, soll bei den die SAP ablösenden PRSP *country ownership* die oberste Maxime sein.[49] *Ownership* soll dadurch entstehen, dass die Regierung verantwortlich für die Planung und Durchführung des PRSP ist, und dadurch gestärkt werden, dass die Regierung innerhalb des Landes in Zusammenarbeit mit Parlament, *stakeholders* und der Zivilgesellschaft das Papier erstellt. *Country ownership* soll dementsprechend nicht *government ownership* bedeuten. Außerdem sollen externe Entwicklungspartner wie multi- und bilaterale Geber einbezogen werden.[50] Die Reichweite der vorliegenden Arbeit erstreckt sich auf das Gebiet der nationalen Partizipation.

Bei dieser Forderung nach Partizipation im Rahmen des PRS-Prozesses wird ein Spannungsverhältnis deutlich, welches zwischen Wolfensohns Rede über die Marginalisierung als zentraler Herausforderung der Entwicklungspolitik und dem Handlungsrahmen der Weltbank liegt. Der rechtliche Auftrag der Weltbank beschränkt sich klar auf ökonomische Fragen,[51] während Partizipation eng mit Demokratie verbunden ist. Somit ist die Forderung nach Partizipation im PRS-Prozess als eine Gratwanderung der Weltbank anzusehen. In dieser Arbeit geht es allerdings weder ausschließlich noch primär um das Ziel, Widerstände innerhalb des Landes auszuräumen und das *principal-agent*-Problem der SAP zu lösen, also um den Erfolg des Mittels Partizipation für ein ökonomisches Ziel. Ohne die Bedeutung des Mittels Partizipation zu verkennen, soll auch und vor allem die Erreichung der Partizipation als Selbstzweck und Ziel von Interesse sein. Die allgemeine Beurteilung des Grades und des Fortschritts

---

[48] Vgl. IWF/IDA (2003), S. 1.
[49] Vgl. Weltbank (2000d), S. 9.
[50] Vgl. Weltbank (2002), S. 6.
[51] Die Articles of Agreement der IBRD und der IDA weisen jeweils explizit einen Passus mit dem Titel „Political Activity Prohibited" auf. Vgl. IBRD (1989), Aricle IV, Section 10 und IDA (1960), Article V, Section 6.

der Partizipation im PRS-Prozess wird deshalb nicht auf ihre ökonomische Funktion eingeschränkt.

Eine interessante Frage bei der zukünftigen Entwicklung wird sein, ob im Sinne einer Spillover-Hypothese eine erfolgreiche Förderung der Partizipation im PRS-Prozess auch die Partizipation im gesamten politischen und gesellschaftlichen System des Landes fördert. Diese Frage kann aufgrund der kurzen Dauer des bisherigen PRS-Prozesses und der geringen Fallzahl der hier untersuchten Länder noch nicht beantwortet werden. Indizien für eine solche Rückkopplung in den untersuchten Ländern werden besonders vermerkt. Durch einen solchen Einfluss auf das Gesamtsystem würde die langfristige Bedeutung des PRS-Prozesses noch erheblich gesteigert.

2. Selbstzweck, Zweck und Formen der Partizipation

In diesem Kapitel soll das Konzept dieser Arbeit entwickelt werden. Es ist der Anspruch dieses Abschnitts, möglichst umfassend die ideellen Wurzeln, den Zweck und Selbstzweck der Partizipation sowohl für Demokratie als auch für Entwicklungsprozesse sowie verschiedene Formen der Partizipation darzustellen. Im daran anschließenden Kapitel soll ein Kriterienraster entworfen werden, das diese Erkenntnisse verarbeitet und für die Untersuchung der Partizipation im PRS-Prozess nützlich macht. Dabei soll nicht nur die Partizipation selbst gemessen werden, sondern auch das Umfeld, in dem sie stattfindet. Denn selbst wenn sich alle Bürger beteiligten und ihre geäußerten Einwände berücksichtigt würden, wäre doch die Authentizität dieses Unterfangens beispielsweise in einem autoritären Regime, das Rede- und Meinungsfreiheit nicht schützt, sehr eingeschränkt. Im entgegengesetzten Fall wäre auch ein System denkbar, das beste Bedingungen für Partizipation schafft, in dem sich aber dennoch sehr wenige Bürger für Partizipation entscheiden. Das Ziel kann kein Zwang zur Partizipation sein, sondern ein ermöglichendes Umfeld für Partizipation, in dem sich jeder Bürger in einem umfassenden Sinn frei für oder gegen seine Beteiligung entscheiden kann.

2.1. Partizipation in der politischen Theorie

In den folgenden Abschnitten sollen Ansätze zur Partizipation aus der neueren politischen Theorie diskutiert werden. Die Ansätze werden in zwei Kategorien eingeteilt. Im ersten Abschnitt soll Partizipation in der Tradition der präskriptiven Theorie dargestellt werden. Die Frage nach dem Soll-Zustand der Gesellschaft impliziert in dieser Tradition für Partizipation die Rolle der Veränderungen in Richtung mehr Selbstbestimmung der Menschen. Im zweiten Abschnitt wird Partizipation und die damit verbundene Forschung in der Tradition der deskriptiven Demokratietheorie dargestellt. Der Fokus auf dem Beschreiben der Realität hat implizit eine Status-quo-Präferenz der Theorie zur Folge. Partizipation bekommt zudem von einigen Autoren explizit den Erhalt der Systemstabilität als Hauptaufgabe zugewiesen. Dabei soll keine Einteilung in richtige und falsche Demokratietheorien stattfinden. Es wird vielmehr die Ansicht vertreten, dass nur auf der Basis einer deskriptiven Theorie und Forschung eine präskriptive ihren Sinn durch die Auseinandersetzung mit der vorzufindenden Realität erhält.

2.1.1. Partizipation für Veränderung und präskriptive Theorie

Jean-Jacques Rousseau kann durch sein 1762 erschienenes Werk „Du Contrat social"[52] für den neuzeitlichen Beginn des emanzipativen Verständnisses von Partizipation angeführt werden. Der Gemeinwille, die *volonté générale*, wird durch Plebiszite festgelegt und durch die Regierung ausgeführt. Partizipation ist in diesem Sinne auf Selbstbestimmung ausgelegt, wodurch die politische Wirkung von Partizipation untrennbar mit der Tätigkeit selbst verbunden ist. Partizipation überkommt in diesem Konzept ihre Bestimmung als Mittel, um beispielsweise Freiheitsrechte zu schützen, und wird vielmehr auch zu einem Selbstzweck. Durch die Partizipation entfalten sich die Individuen und konstituieren eine Gesellschaft.

> Dieser Übergang vom Naturzustand zum bürgerlichen Stand erzeugt im Menschen eine sehr bemerkenswerte Veränderung, weil dadurch in seinem Verhalten die Gerechtigkeit an die Stelle des Instinkts tritt und seinen Handlungen die Sittlichkeit verliehen wird, die ihnen zuvor mangelte.[53]

Die vollständige Einlösung dieser beiden Forderungen an Partizipation, Selbstbestimmung und Herausbildung einer Gesellschaft, ist auch in modernen, industrialisierten und demokratischen Staaten noch immer eine Utopie, kann jedoch als solche für eine Zielbestimmung dienen. Moderne Theorien dieser Überzeugung wollen demnach „nicht einfach die klassische Demokratievorstellung abändern und den heutigen Realitäten anpassen, sondern versuchen, die moderne Gesellschaft mit Hilfe einer realistischen, aber weiterhin normativen Demokratie- und Gesellschaftstheorie zu begreifen und zu gestalten."[54] Diese Theorien gehen somit über den deskriptiven Anspruch der Beschreibung der Realität hinaus und erarbeiten präskriptiv Vorschläge für Veränderungen. Dementsprechend ist Partizipation in einer solchen Theorie nicht mit dem Ziel der Integration in das bestehende System, sondern in die Gesellschaft, und nicht mit dem Ziel der Stabilität des Systems, sondern mit seiner Veränderung in Richtung mehr Selbstbestimmung verbunden. Es ist Partizipation für Veränderung. „Demokratie arbeitet an der Selbstbestimmung des Menschen, und erst wenn diese wirklich ist, ist jene wahr. Politische Beteiligung wird dann mit Selbstbestimmung identisch sein."[55] Um dieses Ziel zu erreichen, werden aus der präskriptiven Theorie verschiedene Anforderungen abgeleitet. Neben einer Ausweitung der Mitbestimmungsmöglichkeiten selbst sind Bildung, Transparenz der

---

[52] Vgl. Rousseau (2003).
[53] Rousseau (2003), S. 22.
[54] Nauer (2003), Kapitel 4.2.
[55] Habermas et al. (1969), S. 15.

Herrschaftsbeziehungen, Öffentlichkeit sowie die politische Kontrolle gesellschaftlicher Macht oft erhobene Forderungen, um eine sinnvolle Partizipation zu ermöglichen.[56]

2.1.2. Partizipation für Systemstabilität und deskriptive Theorie

Bereits fast einhundert Jahre vor dem Gesellschaftsvertrag Rousseaus, ab dem Ende des 17. Jahrhunderts, ist in der politischen Theorie die Abkehr von der Herrschaft durch Gottesgnadentum in Richtung mehr Partizipation durch die Bürger festzustellen, beispielsweise bei John Locke und Adam Smith. Aus diesen Ansätzen der bürgerlich-liberalen Demokratietheorie entwickelte sich später das deskriptive Verständnis der Partizipation.

John Locke kündigt im Jahr 1690 in seinen „Two Treatises of Government"[57] das Vorrecht des Staates auf und setzt diesem das Vorrecht der Individuen entgegen, die zum Schutz der von ihnen vereinbarten Ordnung den Staat durch einen Gesellschaftsvertrag als Mittel einsetzen. Der Staat schützt die durch die Gesellschaft hervorgebrachten Errungenschaften: den Frieden, die Sicherheit und das Wohl des Volkes. Auf das Individuum bezogen schützt der Staat *lives, liberties* und *estates*. Adam Smith verleiht in seinem Werk „The Wealth of Nations"[58] im Jahr 1776 dem Staat nur die Aufgaben der Jurisdiktion und des Schutzes nach außen. Der Markt regiert zur Wohlfahrt aller. Die politische Teilnahme der Bürger beschränkt sich auf den Wahlakt und die Verhinderung der Durchsetzung von nicht dem Allgemeinwohl dienlichen Interessen. Zusammenfassend kann gesagt werden, dass die frühen liberalen Theorien „versuchen, den modernen Staat und die ökonomisch und politisch erstarkte bürgerliche Gesellschaft miteinander optimal zu vermitteln; die Folge eines solchen Vermittlungsversuchs ist nicht zuletzt die liberale Forderung nach politischer Teilnahme der Bürger."[59]

Für die Fragestellung dieser Arbeit ist insbesondere von Bedeutung, dass Partizipation in diesen Konzepten weniger der fortdauernden Mitbestimmung und Gestaltung der Gesellschaft durch die Bürger oder der Entfaltung der Bürger als vielmehr der Sicherung der Freiheitsrechte dient. Zudem schließt das Konzept des Bürgers lediglich die Besitzbürger ein, schließt also die marginalisierten Gruppen der Bevölkerung expressis

---

[56] Vgl. Habermas et al. (1969), S. 13-55.
[57] Locke (1964).
[58] Smith (1958).
[59] Zimpel (1972), S. 14 .

verbis aus.[60] Selbst wenn der Vorrang auf Freiheitssicherung gelegt und dieser Anspruch nur für Besitzbürger begründet wurde, so sind in diesen Konzepten dennoch emanzipative Grundgedanken vorhanden. Die Ursachen für die Forderung nach Partizipation und Selbstbestimmung der bürgerlich-liberalen Theorie können zwar in den ökonomischen Notwendigkeiten und machtpolitischen Interessen des aufstrebenden Bürgertums ausgemacht werden, sie wurden aber mit dem natürlich angeborenen Recht des Menschen zur Selbstbestimmung begründet.[61] Die politische Herrschaft wird durch die Selbstbestimmung der Bürger nach dem Mehrheitsprinzip begründet, die tendenziell zur Aufhebung der Herrschaft überhaupt führen soll.[62] Diese präskriptiven Wurzeln der bürgerlich-liberalen Demokratietheorie wurden über die Zeit zurückgedrängt. Ohne diese emanzipativen Grundgedanken kann Partizipation jedoch nicht die Lösung des zentralen Problems der Entwicklungspolitik, der Marginalisierung der Menschen,[63] bedeuten.

Die anfängliche annäherungsweise Gleichheit der „neuen Bürger" aus dem Dritten Stand wurde durch Kapitalakkumulation und Zentralisation mit der Zeit aufgehoben, so dass ökonomische Chancengleichheit immer weniger gegeben war. Die Ausweitung des Wahlrechts auf immer größere und ärmere Bevölkerungsschichten verstärkte diese Tendenz zusätzlich. Die bürgerlich-liberale Demokratietheorie suchte Schutz vor einer Herrschaft der unqualifizierten Mehrheit in einem System, in dem Gebildete und Besitzende das Volk repräsentierten.[64] Das Hauptproblem, zumindest für diese Arbeit, liegt darin, dass „man überzeugt [war], daß die Gesellschaft nach den ihr inhärenten Gesetzen stets zur Freiheit der Individuen, zur Gleichheit aller und zur natürlichen Harmonie tendiere. Mit dem Ende des Absolutismus sei auch das Ende aller Willkürherrschaft, aller Unfreiheit gekommen."[65]

Die folgenden Jahrhunderte bestätigten diese Annahme leider nicht. Zwar wurde die formale demokratische Partizipation durch die Erweiterung des Kreises der Wahlberechtigten ausgeweitet. Ein Eingreifen, um die Freiheit nicht nur durch rechtsstaatliche Verfahren und Garantien abzusichern, sondern diese durch die Ermöglichung der aktiven Ausübung und

---

[60] Zwar äußert sich Rousseau in seinem Werk nicht explizit zu dieser Frage, allerdings ist anzunehmen, dass auch Rousseau ein exklusives Konzept vertrat, also nicht in jeder Hinsicht für das hier entwickelte Partizipationskonzept als Vorbild dienen kann. Vgl. Dahl (1990), S. 62.
[61] Vgl. Zimpel (1972), S. 14.
[62] Vgl. Zimpel (1970), S. 23.
[63] Vgl. Wolfensohn (1997).
[64] Vgl. Zimpel (1970), S. 27.
[65] Zimpel (1970), S. 33.

Partizipation für breite Bevölkerungsteile mit Leben zu erfüllen,[66] wurde in der bürgerlich-liberalen Theorie nicht als nötig erachtet.[67] Diese Aufgabe wurde nicht einmal für die Herstellung ökonomischer Gleichheit als notwendig anerkannt, obwohl diese von der liberalen Naturgesellschaftslehre als notwendige Grundlage der Demokratie erachtet wurde.[68] Die Demokratie verliert in diesem Konzept zu Ende gedacht jeglichen emanzipativen Charakter, der doch zweitausend Jahre nach dem Untergang Athens ihren Wiederaufstieg mit ermöglichte. Demokratie und Partizipation der Bürger stellen letztendlich in dieser Sichtweise nicht mehr als einen Prozess und eine bestimmte politische Methode dar, die selbst aus Sicht der Apologeten „nicht unbedingt eine größere Summe individueller Freiheit garantiert, als irgend eine andere politische Methode unter gleichen Umständen gestatten würde. Es kann sehr wohl umgekehrt sein!"[69]

Auf der Grundlage dieses Konzeptes hat sich die demokratietheoretische Diskussion und Erforschung der Partizipation in den Vereinigten Staaten samt ihrer internationalen Ausläufer in der zweiten Hälfte des 20. Jahrhunderts entwickelt. Dem Behaviorismus entsprechend wurden Objektivität und Wertfreiheit der Forschung die obersten Ziele. Diese Forschung konzentriert sich auf die Erhebung und Analyse statistischer Daten und damit auf quantifizierbare Formen wie Wahlbeteiligung, Parteimitgliedschaft und aktive politische Arbeit.[70] Das von den Menschen mit der Partizipation verfolgte Ziel ist dabei meist aus dem Blick geraten. Stattdessen interessiert vielmehr die Stabilität der vorhandenen Systeme.[71] Die Forschungsdesigns schränken Partizipation meist auf im Rahmen des Systems legal verlaufende Aktionen ein, wobei diese Beschränkung als solche auch teilweise anerkannt wird.[72] Die Lücke zwischen dem normativen Anspruch eines emanzipativen Demokratieverständnisses und der Realität demokratischer Systeme wurde durch eine Absenkung des normativen Anspruchs an die Realität demokratischer Systeme geschlossen. „Die Vormachtstellung von Eliten soll also demokratisch legitimiert werden."[73] Diese normative Absenkung wird auch damit

---

[66] Vgl. die Konzepte der „Verfahren, die Handlungs- und Entscheidungsfreiheit ermöglichen, und [...der] realen Chancen, die Menschen angesichts ihrer persönlichen und sozialen Umstände haben." Sen (2000), S. 28.

[67] Eine Ausnahme hierbei bildete Thomas Paine, der am Ende des 18. Jahrhunderts Erziehungsprogramme, Altersfürsorge und progressive Einkommenstarife vorschlug. Vgl. Paine (1958), S. 247ff. und 259ff.

[68] Vgl. Millar (1985), S. 223.

[69] Schumpeter (1950), S. 431.

[70] Vgl. Milbrath (1965) und Almond/Verba (1963).

[71] Vgl. Almond/Verba (1963), S. 473ff.

[72] Vgl. Verba/Nie/Kim (1978), S. 1f.

[73] Nauer (2003), Kapitel 4.1.

begründet, dass der durchschnittliche Bürger bei politischen Fragen desinteressiert und überfordert sei.

> So fällt der typische Bürger auf eine tiefere Stufe der gedanklichen Leistung, sobald er das politische Gebiet betritt. Er argumentiert und analysiert auf eine Art und Weise, die er innerhalb der Sphäre seiner wirklichen Interessen bereitwillig als infantil anerkennen würde. Er wird zum Primitiven.[74]

Partizipation darf in dieser Sichtweise nur gemäßigt sein, um die Stabilität der politischen Systeme nicht zu gefährden. „If elites are to be powerful and make authoritative decisions, then the involvement, activity, and influence of the ordinary man must be limited."[75] Zwischen Apathie und Partizipation soll ein gesellschaftliches Gleichgewicht herrschen. Bei der Verlagerung des Erkenntnisinteresses auf die Stabilität der Systeme wird teilweise nicht nur der ursprüngliche Zweck der Partizipation aus den Augen verloren, sondern der Partizipation eine neue Funktion zugewiesen. Partizipation dient nicht mehr der Veränderung und einem emanzipativen Zweck, sondern vielmehr der Beschäftigung des Bürgers. Die Partizipation soll den Bürger in das bestehende System hineinsozialisieren und antisoziale Aggressionen abbauen, die das System destabilisieren könnten.[76] „Der beschäftigte Mensch löst damit tendenziell den kritisch denkenden Staatsbürger ab."[77]

Bereits eine deskriptive Forschung, die nicht zwischen einem Wähler aus Bürgerpflicht, der lediglich aus Pflichtbewusstsein seine Akklamation der Herrschenden nicht verweigert, und einem Wähler, der über die politischen Geschicke mitbestimmen will, unterscheidet, ist jedoch in ihrer Brauchbarkeit für eine Weiterentwicklung in einer präskriptiven Theorie eingeschränkt. Arbeitsökonomische Gründe werden diese Beschränkung dennoch oft unausweichlich machen. So lange dieser Mangel als solcher erkannt und benannt wird, ist dies sicherlich vertretbar. Wenn letztendlich jedoch Teilnahme an sich, ob im Sportverein oder in einer Partei,[78] als Partizipation aufgefasst wird, da beide den Zweck der systemgerechten Integration erfüllen und eine gleich geartete Motivation für die eine wie für die andere Beschäftigung angenommen wird, ist diese Forschung endgültig als Grundlage für eine präskriptive Theorie unbrauchbar.

Die Ergebnisse der umfangreichen deskriptiven Forschung können verschiedene Faktoren angeben, die zu einer bestimmten

---

[74] Schumpeter (1950), S. 416.
[75] Almond/Verba (1963), S. 478.
[76] Vgl. Lane (1959), S. 118f.
[77] Zimpel (1970), S. 72.
[78] Vgl. Zimpel (1970), S. 56.

Wahrscheinlichkeit der Partizipation führen. Zum einen wird der sozioökonomische Status – gemessen an Einkommen, Bildung und Beruf – als Haupterklärung angeführt, zum anderen Persönlichkeitsvariablen wie Selbstvertrauen.[79] Diese Variablen werden wiederum mit der Ausbildung von Interesse an Politik, Information und dem Gefühl der Wirksamkeit politischer Aktivität und ähnlichen Einstellungsvariablen in Verbindung gebracht, die letztendlich Partizipation bestimmen.[80] Aktuelle Ergebnisse und Modelle bieten keine neuen Einsichten an. Vielmehr werden die bekannten Zusammenhänge genauer aufgeschlüsselt.[81] Allerdings ist die Kausalkette der Erklärung nicht immer stichhaltig, wie insbesondere der internationale Vergleich zeigt.[82]

2.1.3. Umsetzung in dieser Arbeit

Der Rekurs auf die präskriptive Demokratietheorie soll vor allem als Grundlage für die Definition der Partizipation in dieser Arbeit dienen. Wie gezeigt wurde, ist für die Definition der Partizipation insbesondere der ihr zugrunde liegende Zweck von großer Bedeutung. Ein auf der dargestellten präskriptiven Demokratietheorie aufbauender Partizipationsbegriff muss deshalb dem realen Einfluss der Partizipation große Bedeutung zumessen. Partizipation kann dann als Einfluss nehmende Teilnahme an politischen Entscheidungen definiert werden.[83] Bei der Untersuchung des PRS-Prozesses ist die politische Entscheidung, auf die durch Partizipation Einfluss genommen wird, gleichbedeutend mit der Erstellung und Umsetzung des PRSP.

Eine weitere wichtige Definition in diesem Zusammenhang betrifft den Begriff der Selbstbestimmung, auf die Partizipation abzielt. Da Partizipation und damit die angestrebte Selbstbestimmung im gesellschaftlichen Rahmen stattfinden und somit das einzelne Subjekt und das gemeinschaftliche Objekt nicht identisch sind, kann Selbstbestimmung lediglich gleichwertige Mitbestimmung bedeuten. Denn die Einflussnahme nach der hier verwendeten Definition der Partizipation kann selbstverständlich kein alleiniges Entscheiden über politische und damit die Gemeinschaft betreffende Fragen bedeuten. In diesem Fall könnte immer

---

[79] Vgl. Zimpel (1970), S. 56ff. für eine ausführliche Darstellung dieser Ergebnisse deskriptiver Forschung.

[80] Vgl. Nie/Powell/Prewitt (1969).

[81] Vgl. Brady/Verba/Schlozman (1995).

[82] Vgl. Nie/Powell/Prewitt (1969), S. 374.

[83] Die Rousseausche Herausbildung einer Gesellschaft durch Partizipation findet in dieser Arbeit keine Berücksichtigung. Diese Idee ist lediglich implizit im Konzept des *ownership* vorhanden, das einen „gemeinschaftlichen" Rückhalt des Papiers durch Partizipation annimmt.

nur eine Person, ein Diktator, partizipieren, was der hier verwendeten Idee der Partizipation diametral widerspräche. Daraus folgt, dass auch nicht der eigenen Meinung entsprechende Entscheidungen akzeptiert werden müssen und Partizipation nicht einen gesamtgesellschaftlichen Konsens über jede Einzelheit politischer Entscheidungen beziehungsweise des PRSP schaffen kann.[84] Dementsprechend muss die Definition der Partizipation angepasst werden. Partizipation bedeutet die gleichberechtigt Einfluss nehmende Teilnahme an politischen Entscheidungen.

Für die Messung der Partizipation können bereits aus der Definition zwei Kriterien abgeleitet werden. Zum einen ist dies die quantitative Dimension der Partizipation, die im Folgenden als Inklusivität bezeichnet wird. Sie bemisst sich aus der Anzahl der beteiligten Bürger und der Häufigkeit ihrer Beteiligung an politischen Prozessen. Zum anderen ist es die qualitative Dimension, die sich aus dem Einfluss der Partizipation auf politische Programme und der gleichberechtigten Berücksichtigung der Bürgerinteressen zusammensetzt.

Die deskriptive Forschung zeigt auf, dass bestimmte Bevölkerungsgruppen wie Frauen, ethnische Minderheiten oder Menschen mit geringem Einkommen gewöhnlich weniger stark partizipieren. Deshalb muss bei der Messung der Partizipation auch auf die Repräsentativität der Teilnehmenden geachtet werden.

Bei der Schaffung eines Partizipation ermöglichenden Umfeldes können ebenfalls bereits verschiedene Kriterien angeführt werden. Allgemein kann aus beiden Theoriesträngen zunächst das Kriterium der möglichst weit gefassten institutionellen Absicherung der Partizipationsmöglichkeiten und der Freiheitsrechte abgeleitet werden. Aus der präskriptiven Theorie lassen sich zudem einige beeinflussbare Kriterien für die Messung der Unterstützung der Partizipation, der Ausfüllung der Verfahren mit Chancen, ableiten. Zu diesen Kriterien gehören die Forderungen nach Öffentlichkeit, Transparenz und Bildung.[85] Für die Ergebnisse der deskriptiven Forschung lassen sich keine Kriterien für die Messung entwickeln, da diese Kriterien nicht oder bestenfalls langfristig beeinflussbare Kategorien umfassen, die insbesondere nicht im Rahmen des PRS-Prozesses beeinflussbar sind. Es kann lediglich ein Kriterium

---

[84] Diese Anmerkung erscheint notwendig, um übertriebenen und unerfüllbaren Erwartungen an Partizipation keinen Vorschub zu leisten. Die daraus für ein gesamtes politisches System erwachsende Notwendigkeit unveräußerlicher Freiheitsrechte einer Person und von Minderheitenrechten erscheint für die Diskussion der Partizipation im Rahmen des PRS-Prozesses nicht notwendig. Vgl. Dahl (1990), S. 11ff.

[85] Vgl. Kapitel 2.1.1.

geschaffen werden, das darstellt, inwiefern der Staat die Chancen für benachteiligte Gruppen erhöht.

Es muss aber bei diesen Kriterien eingeschränkt werden, dass eine gemessene Verbesserung theoretisch fundiert einen Anstieg der Selbstbestimmung impliziert, aber ob dieses Ziel subjektiv für die Menschen erreicht wird, kann daraus nicht zweifelsfrei geschlossen werden. Da die Steigerung der Partizipation im Sinne dieser Arbeit ein komplexer und anspruchsvoller Prozess sozialen Wandels ist, sind quantitative Indikatoren für eine Beurteilung der Partizipation alleine nicht ausreichend. Nur qualitative Indikatoren können über die Art der Partizipation genauere Auskunft geben. Forschung auf präskriptiver Grundlage, die für Gesellschaftssysteme eine empirische Bestätigung der vermuteten kausalen Zusammenhänge zwischen der Ausprägung der Kriterien und dem Grad der Selbstbestimmung allgemein belegen könnte, ist nicht vorhanden.[86] Außerdem ist der Fokus auf partizipatorische Entwicklungsprojekte bis jetzt noch kaum durch die Definition und die Anwendung passender Indikatoren für solche prozessorientierten Veränderungen in der Evaluation begleitet worden. Dies gilt sowohl für quantitative Indikatoren[87] als auch für qualitative Indikatoren.[88] „[P]rogress in democratization is typically relatively unpredictable and non-linear".[89] [90]

2.2. Partizipation und Entwicklung

2.2.1. Die Definition der Entwicklung

Auch für den zweiten für diese Arbeit wichtigen Begriff, Entwicklung, gibt es unterschiedliche Definitionen. Hier soll Entwicklung als das Überkommen weitverbreiteter und struktureller Armut verstanden werden.

---

[86] Allerdings gibt es einige empirische Belege, die diese Annahmen unterstützen. In einer ökonometrischen Untersuchung verschiedener Kantone in der Schweiz konnte beispielsweise eine höhere allgemeine Zufriedenheit in Kantonen mit mehr direktdemokratischen Prozessen nachgewiesen werden. Vgl. Frey/Kucher/Stutzer (2001), S. 281ff.

[87] Vgl. DAC (1997), S. 26.

[88] Vgl. DAC (1997), S. 91.

[89] DAC (1997), S. 24.

[90] Es ist wichtig, sich vor Augen zu führen, dass wenn in manchen modernen Demokratietheorien Partizipation abgelehnt wird, dies oft unter der impliziten Annahme geschieht, dass viele der hier genannten Kriterien bereits stark ausgeprägt sind. Auch wenn Habermas' Diskurstheorie (Habermas (1981)) und Sartoris normative Elitentheorie (Sartori (1997)) sich in ihrem Bild des Soll-Zustands der westlichen Demokratien und insbesondere bei der Partizipation der Bürger nicht einig sind, so lässt doch auch Sartoris Darstellung der Meinungsbildung als Kaskadenmodell, in dem sowohl die Spitze als auch Mittler und die Basis für das Regierungshandeln einflussreiche Meinungen bilden können, Voraussetzungen erkennen, die in den meisten Entwicklungs- und Transformationsstaaten nicht gegeben sind (Vgl. Sartori (1997), S. 102ff.).

Den Fokus auf Armut statt auf ökonomisches Wachstum zu legen, ist nicht eine sprachliche Abwandlung des gleichen Ziels. Denn Armut wird nicht eindimensional als Ermangelung materieller Ressourcen verstanden. Die Bedingungen und Ausprägungen der Unterentwicklung beziehungsweise Armut lassen eine zugrunde liegende Multikausalität und Mannigfaltigkeit in der Ausprägung erkennen.[91] Qualitative Studien kommen zu dem Ergebnis, dass diese Sicht der Armut dem Erleben der betroffenen Menschen entspricht.[92] Eine mögliche Definition der Armut, die allerdings nicht als allgemeinverbindlich anzusehen ist, umfasst neben dem althergebrachten Konzept der fehlenden „economic capabilities" auch „human, socio-cultural, protective" und nicht zuletzt „political capabilities"[93]. Dabei sind die Dimensionen der Armut nicht hierarchische, sondern vielmehr ebenbürtige, unterschiedliche und sich gegenseitig beeinflussende Ausprägungen der Armut. „The fact that different dimensions of poverty are tightly interrelated, while still distinct and imperfectly correlated, is a major reason for a multidimensional concept."[94]

Falls man Armut ausschließlich mit materieller Deprivation gleichsetzte, könnte die Verbindung zwischen Partizipation und Entwicklung lediglich im Rahmen einer Mittel-Zweck-Relation gesehen werden. Dann wäre nur zu überprüfen, inwiefern Partizipation bei Entwicklungsprojekten oder Entwicklungsstrategien die Kosten-Nutzen-Relation der Maßnahmen beeinflusst. Dies ist ein wichtiger Teilbereich der Diskussion über Partizipation im Rahmen der Entwicklungsprozesse. Die multikausale Dimension der Armut erweitert allerdings das Bedeutungsfeld der Partizipation. Dabei ist die Armutsdimension des fehlenden politischen Einflusses unter Beachtung der Auswirkung dieser Dimension auf die anderen entscheidend. Die politische Dimension der Armut kann folgendermaßen definiert werden:

> Political capabilities include human rights, a voice and some influence over public policies and political priorities. Deprivation of basic political freedoms or human rights is a major aspect of poverty. [...] Powerlessness aggravates other dimensions of poverty. The politically weak have neither the voice in policy reforms nor secure access to resources required to rise out of poverty.[95]

Mehr Partizipation der Bevölkerung und insbesondere der marginalisierten Menschen ist somit im Rahmen der Armutsbekämpfung sowohl Zweck als auch Selbstzweck. Während durch mehr Selbstbestimmung die politische

---

[91] Vgl. Sen (2000), S. 52ff. oder auch Nohlen/Nuscheler (1992), S. 65.
[92] Vgl. u.a. Brock (1999).
[93] OECD (2001), S. 38.
[94] OECD (2001), S. 39.
[95] OECD (2001), S. 38.

Dimension der Armut direkt bekämpft wird, können durch die Partizipation der durch Armut Betroffenen auch deren Bedürfnisse sowie die Gründe der Armut und deren unterschiedliche Bedeutung besser erkannt und eingeschätzt werden. Somit kann die Politik ihre Maßnahmen und Mittel zur Armutsbekämpfung beziehungsweise Entwicklung besser koordinieren. Dabei muss dieser Machtzuwachs der bislang Benachteiligten nicht unbedingt im Rahmen eines Nullsummenspiels zu einem gleichgroßen Machtverlust der bisher Mächtigen führen. Es können auch durch die Interaktion zusätzliche Regelungs- und Machtpotenziale erschlossen werden. Dies wird die Durchsetzung der Partizipation erleichtern, wenn auch der konfliktbeladene Charakter der Durchsetzung beziehungsweise der Ausweitung der Partizipation nicht zu negieren ist. Dieser Konflikt wird desto stärker ausgeprägt sein, je weniger Menschen bisher an den Entscheidungen beteiligt waren und je größer deren bisherige Machtfülle war.

Dieser Zusammenhang zwischen Partizipation und Entwicklung, der sich nicht auf effektivere Ressourcennutzung und ökonomisch erfolgreichere Entwicklungsprozesse beschränkt, ermöglicht erst wahre Entwicklung. Statt Ziele, die von auswärtigen Organisationen oder den Eliten des Landes vorgegeben werden, zu verfolgen, werden die Ziele bei auf Selbstbestimmung ausgerichteter Partizipation selbst definiert. Nur ein Fortschreiten in die der eigenen Zielsetzung entsprechende Richtung kann Entwicklung sein. Die zu Beginn des Kapitels getroffene Definition von Entwicklung muss dementsprechend erweitert werden: Entwicklung wird als das Überkommen weit verbreiteter und struktureller Armut verstanden, wobei die Entscheidung über die Art und Weise der Zielerreichung den betroffenen Menschen obliegt.

2.2.2. Partizipation und Entwicklung

Auf der Überlegung Max Webers aufbauend, nicht die Wirtschaft marxistisch als den die restlichen sozialen Systeme bestimmenden Unterbau anzusehen, sondern vielmehr umgekehrt gesellschaftlichen Wandel als Bedingung und Begründung wirtschaftlichen Wandels anzunehmen, entstand das modernisierungstheoretische Paradigma in der Entwicklungstheorie.[96] Die Verbindung der Modernisierungstheorie mit einer deskriptiven Partizipations- beziehungsweise Demokratietheorie kann zu verkürzten Erklärungsansätzen und Fehlschlüssen führen.

---

[96] Vgl. Rostow (1960).

In der ‚Analyse' von ‚Unterentwicklung' finden sich immer wieder Hinweise auf das apathische Verhalten und das geringe politische Klassen- und Problembewußtsein des überwiegenden Teils der Bevölkerung in Entwicklungsländern. Apathie wird hier sozusagen als formaler Gegenbegriff zu Partizipation gefaßt und als – unzureichender – Erklärungsansatz für Unterentwicklung herangezogen.[97]

Schlussfolgerungen, dass Unterentwicklung durch mangelndes Interesse an Partizipation zu erklären oder als freier Wille hinzunehmen sei, greifen zu kurz, wenn die Analyse nur quantifizierbare Beteiligungsformen wie Wahlbeteilung oder Parteimitgliedschaft berücksichtigt. Die Analyse muss neben diesen quantitativen Daten auch qualitative, beispielsweise die Beteiligungs- und Einflussmöglichkeit der marginalisierten Bevölkerungsgruppen, einbeziehen. Solange Partizipation ohne Einfluss bleibt, kann apathisches Verhalten trotz des Wunsches der Teilnahme an politischen Entscheidungen durchaus rational sein. Deshalb müssen strukturelle Gründe, die Partizipation im Sinne dieser Arbeit entgegenstehen, beachtet und problematisiert werden. Denn selbst eine quantitativ jedoch nicht qualitativ nahezu perfekte Partizipation der Bevölkerung wie beispielsweise in den ehemals kommunistischen Staaten Mittel- und Osteuropas kann die politische Dimension der Armut nicht erfolgreich bekämpfen und Fehlentwicklungen, die zu Unterentwicklung führen oder diese manifestieren, nicht verhindern.

Bei diesem Verständnis kann nicht mehr die Apathie der Massen in einem Entwicklungsland, also sozusagen ein Eigenverschulden, das Entwicklungshindernis sein, solange partizipatives Verhalten einflusslos bliebe. Hierin liegt der fundamentale Unterschied zwischen dem Verständnis der Partizipation im Rahmen von Systemstabilität auf der einen Seite und von Veränderung sowie Selbstbestimmung auf der anderen. Der Zweck der Partizipation soll in einem solchen Konzept der Selbstbestimmung nicht die Beschäftigung der Menschen sein, sondern Mittel zur Emanzipation. Aus dem Blickwinkel einer präskriptiven Theorie der Partizipation kann auch die stabile, gemäßigte Partizipation nicht mehr als ein Garant für gesellschaftlichen Konsens angesehen werden, sondern durch die inhärente mangelnde Partizipation als systemgefährdend, falls Menschen durch fehlende Verfahren oder fehlende Chancen nicht teilnehmen können.

Der Einbezug der präskriptiven Theorie bedeutet entgegen der ursprünglichen Modernisierungstheorie, Änderungen des Gesellschaftssystems nicht als Konsequenz des Modernisierungsprozesses

---

[97] Nebelung (1986), S. 21.

und nötige Grundlage für weitere vorgeschriebene Entwicklungsstufen anzunehmen. Stattdessen sollen diese Änderungen aktiv von den herrschenden Eliten gefordert, die Hindernisse bei der Umsetzung kenntlich gemacht und interne Akteure bei dem Überwinden dieser Hindernisse unterstützt werden. Darüber hinaus sind Entwicklungsziele und Strategien nicht als ahistorisch vorgegeben anzusehen, sondern der Festlegung durch die jeweilige Gesellschaft zu überlassen. Die neuerliche Durchsetzung der Bedeutung des Staates, seiner Institutionen und der Demokratisierung[98] im Konzept der Good Governance bieten unter Einbezug der präskriptiven Theorie ein anspruchsvolles und viel versprechendes, wenn auch sicherlich nicht alle Probleme lösendes Konzept der entwicklungspolitischen Theorie und Strategie an. Dieses Konzept, wenn es nicht nur den Namen der partizipativen Entwicklung tragen will, muss einige Ansprüche erfüllen, die am Ende des Kapitels zur Demokratietheorie zusammengestellt wurden und in das zu erstellende Kriterienraster Eingang finden.[99] Wenn diese Ansprüche an Partizipation erfüllt werden, wird die Armut des fehlenden politischen Einflusses erfolgreich bekämpft und findet Entwicklung im Sinne dieser Arbeit statt.

2.2.3. Partizipation als Mittel für andere Dimensionen der Entwicklung

Der letzte Abschnitt hat gezeigt, welche Bedeutung Partizipation im Sinne dieser Arbeit in einem multidimensionalen Konzept der Armut für deren Überwindung direkt hat. Partizipation ist, auch ohne zusätzlichen materiellen Wohlstand zu bringen, bereits Armutsbekämpfung. Darüber hinausgehend kann sich Partizipation jedoch auch auf andere Dimensionen der Armut auswirken. In Bezug auf wirtschaftliche Entwicklung erkannte beispielsweise 1989 das DAC der OECD „a vital connection between open, democratic and accountable systems, individual rights and the effective and equitable operation of economic systems"[100] an. Sieben Jahre später, beim DAC High Level Meeting 1996, wurde bestätigt, dass „investment of development resources in democratic governance will contribute to more accountable, transparent and participatory societies conducive to development progress".[101]

Die Unterstützung der Bekämpfung ökonomischer Armut durch Partizipation wird sowohl durch theoretisch plausible Annahmen als auch

---

[98] Vgl. Weltbank (2003d).
[99] Vgl. Kapitel 2.1.3.
[100] DAC Aid Ministers and Heads of Aid Agencies: Policy Statement on Development Co-operation in the 1990s. Nachgedruckt in OECD: DAC Development Co-operation Report. 1989. Zitiert nach: DAC (1997), S. 1.
[101] DAC (1996), S. 11.

durch empirische Belege abgesichert. Die Theorie lässt verringerte Kosten und höhere Nutzen in partizipativen Entwicklungsprojekten erwarten. Dies wird dadurch begründet, dass der Fluss an Rückmeldungen die Verbesserung und Anpassung der Programme an die lokalen Gegebenheiten erleichtert. Zudem soll langfristig eine erhöhte Verbundenheit durch *ownership* und dadurch eine größere Nachhaltigkeit der Projekte erreicht werden.[102] Die Empirie belegt die angenommenen förderlichen Effekte durch partizipative Projektgestaltung.[103] Eine Studie der Weltbank zu 121 von ihr geförderten Wasser-Projekten kam zu dem Ergebnis, dass die Partizipation der Betroffenen der überragende Faktor für die Effektivität der Projekte war. Dabei war allerdings Voraussetzung, dass die Partizipation bereits früh im Projektzyklus ansetzte.[104] Neben dem direkten Vorteil der partizipativen Projekte, der besseren Wasserversorgung, konnte Partizipation zudem indirekte Erfolge verbuchen. Mitglieder der Gemeinde lernten organisatorische und mit der Wasserversorgung verbundene Fähigkeiten. Außerdem waren die partizipativen Projekte Anlass für weitere Projekte durch Gemeindeorganisationen.[105]

Für die Auswirkung der gesamtgesellschaftlichen Partizipation auf das Wirtschaftssystem können ebenfalls positive Effekte erwartet werden. Es soll hier nicht die Debatte über den Zusammenhang zwischen Demokratisierung und wirtschaftlichem Erfolg, beziehungsweise die notwendige Bedingung des einen für das andere, neu begonnnen werden. Diese ewige Streitfrage kann, wenn überhaupt, hier nicht gelöst werden. Es sollen lediglich plausible Annahmen über die Unterstützung des wirtschaftlichen Erfolgs durch Partizipation aufgezeigt werden. Die von Max Weber 1905 in seinem Werk „Die protestantische Ethik und der ‚Geist' des Kapitalismus"[106] beschriebenen Zusammenhänge zwischen Gesellschaftssystem und Wirtschaftssystem beziehungsweise wirtschaftlichem Erfolg sind dabei von großer Bedeutung.[107] Im Fall der Partizipation und der heutigen Zeit ist zwar nicht mehr die Durchsetzung der „Tugenden" Kapitalakkumulation und Fleiß entscheidend. Ein marktwirtschaftliches System benötigt jedoch zivile Tugenden, die die negativen Auswirkungen des Kapitalismus eindämmen. Nur so kann das marktwirtschaftliche System langfristig funktionieren und Wohlstand hervorbringen. Der individuelle Nutzen sollte nicht nur durch materielle,

---

[102] Vgl. DAC (1997), S. 24.
[103] Vgl. Weltbank (1994b), S. 23f.
[104] Vgl. BMZ (1999), S. 8.
[105] Vgl. DAC (1997), S. 90.
[106] Weber (1992).
[107] Ein aktueller Theorieansatz dieser Richtung ist der Neo-Strukturalismus. Vgl. u.a. Zukin/DiMaggio (1990).

sondern auch durch immaterielle Güter wie soziale Anerkennung definiert werden. Jedenfalls darf das allgemeine Gewinnstreben nicht uneingeschränkt agieren. Ansonsten kann beispielsweise das ungehinderte Gewinnstreben der Staatsbeamten die Verwaltung korrumpieren und dadurch das Wachstum der Wirtschaft behindern.[108] Falls die soziale Kohäsion einer partizipativ gestalteten und gestaltenden Gesellschaft nicht bereits für ausreichend immaterielle Ressourcen beziehungsweise eine größere Ausrichtung auf das Gemeinwohl ausreicht, hat Partizipation mehr Einflussmöglichkeiten als eine lediglich das Individuum bindende religiöse Ethik wie der Protestantismus. Die mit ihr einhergehenden Prinzipien der Transparenz, der Verantwortlichkeit öffentlicher Funktionsträger und der Mitbestimmung beziehungsweise Mitgestaltung der Gesellschaft bilden die Möglichkeit, Regeln und Institutionen zum effektiveren Funktionieren des Marktes aufzustellen und Fehlverhalten zu ahnden.

Zudem wird ein in vielen Staaten zu erwartender Widerstand durch Teile der bisher begünstigten Bevölkerung gegen eine Ausrichtung der Politik auf Armutsreduzierung nur durch den Aufbau einer pluralistischen und partizipatorischen Demokratie, in der die Armen eine Stimme haben, effektiv zu überwinden sein.[109] Ohne die Macht der bisher ausgeschlossenen und in ihren politischen Rechten verarmten Menschen zu steigern, werden sich die bisher einflussreichen Eliten nicht nachhaltig der Armutsreduzierung verschreiben und auf ihre Renten[110] aus dem bisherigen System verzichten.

Eng damit verbunden ist der interdependente Zusammenhang zwischen Partizipation und Macht durch Eigentum. Der Kapitalismus als aktuelle Ausprägung des marktwirtschaftlichen Systems führt zu ungleichmäßigen Akkumulationsprozessen,[111] die ohne politische Intervention zu starken Ungleichheiten in der Verteilung des Eigentums führen. Da wirtschaftliche Macht in legaler oder illegaler Weise durch Spenden oder Korruption auch in politische Macht überführt werden kann, dürfen die Ungleichheiten nicht zu groß ausfallen.[112]

---

[108] Vgl. Andreski (1969), S. 194f.

[109] Vgl. OECD (2001), S. 65.

[110] Rente wird hier in der ökonomischen Definition verstanden, die anzeigt, dass der Anbieter einer Leistung eine höhere Entschädigung erhält, als notwendig wäre, um ihn zur Bereitstellung dieser Leistung zu bewegen.

[111] Vgl. Korten (1998) zur Diskussion des Unterschiedes zwischen Kapitalismus und Marktwirtschaft.

[112] Künzli sieht, wie einige andere Autoren der präskriptiven Theorie, authentische Partizipation und kapitalistische Eigentumsverhältnisse als unvereinbar an. Vgl. Künzli (1987), S. 37. Diese Forderung nach Vergemeinschaftung des Eigentums als Bedingung authentischer Partizipation wird nicht geteilt.

Du willst also dem Staat Dauerhaftigkeit verleihen? – bringe die Extreme soweit wie möglich einander näher: dulde weder Überreiche noch Bettler. Diese beiden Stände, natürlicherweise gekoppelt, sind dem Gemeinwohl gleicherweise verderblich; aus dem einen kommen die Helfershelfer der Tyrannei, aus dem anderen die Tyrannen; der Handel mit der öffentlichen Freiheit findet immer zwischen diesen statt; der eine kauft und der andere verkauft sie.[113]

Ein Blick auf die Verteilungssituation in Entwicklungsländern zeigt klar, dass die ohnehin geringeren durchschnittlichen Pro-Kopf-Einkommen zudem meist an den Industriestaaten gemessen ungleicher verteilt sind.[114] Ohne politisches Gegensteuern kann wachsende ökonomische Ungleichheit zu wachsender politischer Ungleichheit führen, die das politische Gegensteuern erschwert. Diese lineare Kausalität wird in negativer Abhängigkeit von Transparenz und Rechenschaftspflicht und in positiver Abhängigkeit von „marktunkonformen" Wirtschaftssystemen wie einer Klientelwirtschaft zudem durch eine interdependente Steigerung überlagert. Bei mangelnder Transparenz oder einer Klientelwirtschaft kann politischer Einfluss zu mehr ökonomischer Macht und diese wiederum zu mehr politischer Macht führen. Diese Mechanismen können durch Partizipation durchbrochen werden. Die Förderung der Partizipation kann zu mehr Transparenz und Rechenschaftspflicht und damit zu mehr wirtschaftlichem Wachstum durch die Eindämmung von marktunkonformen Wirtschaftssystemen sowie zu einer gleichmäßigeren Verteilung des Einkommens führen. Die Steigerung der Wirtschaftsleistung und deren gleichmäßigere Verteilung kann dann wiederum auch Partizipation fördern. Die negative Spirale wird so potenziell durch eine positive Spirale ersetzt.

Ein weiterer positiver Effekt der Partizipation ist die Ausbildung leistungsfähigerer Institutionen. Statt durch technische Hilfe die Qualität der Institutionen auf eine angebotsorientierte Art und Weise zu steigern, wird inzwischen vermehrt auf eine nachfrageorientierte Strategie zur Anreizsteigerung gesetzt. Durch einflussreiche Partizipation können die von den Institutionen abhängigen Nachfrager die zu erbringenden Leistungen effektiver einfordern.[115] Dadurch kann beispielsweise im Gesundheits- oder Bildungssektor Armut im Bereich der Humanressourcen vermindert werden.

> Too often, services fail poor people – in access, in quantity, in quality. But the fact that there are strong examples where services do work means governments and citizens can do better. How? By putting poor people at the center of service provision: by enabling them to monitor and discipline service providers, by

---

[113] Rousseau (2003), S. 57.
[114] Vgl. UNDP (2003), S. 282ff.
[115] Vgl. DAC (1997), S. 11.

amplifying their voice in policymaking, and by strengthening the incentives for providers to serve the poor.[116]

Ein auf Rechten basierender Ansatz definiert Menschenrechte und demokratische Mitwirkungsrechte als solche und nicht als Wohlfahrt. Eine erhöhte Kenntnis dieser Rechte und der Möglichkeit, sie durch Partizipation einzufordern, wird das Selbstvertrauen der bisher marginalisierten Menschen und damit wiederum deren Partizipationsbereitschaft erhöhen. Dies bedeutet auch ein Zurückdrängen der sozio-kulturellen Armut, da die Würde der Menschen durch die Ausstattung mit Rechten gestärkt wird. Insgesamt wirkt sich Partizipation also nicht nur als Selbstzweck auf den engen Bereich der politischen Armut aus, sondern beeinflusst als Mittel auch andere Dimensionen positiv.

2.3. Formen der Partizipation

Zur Funktion der Partizipation gehört auch die Form der Partizipation. Deren Zusammenspiel in Blickrichtung auf die hier bearbeitete Frage kann als Notwendigkeit von „form follows function" betrachtet werden. Die Form der Partizipation muss geändert werden, um die gewünschten Funktionsänderungen der Partizipation durchzusetzen. Die Formen der Partizipation können auf unterschiedliche Weise unterteilt werden.[117] Sie sollen hier nach der Ebene, dem Zeitpunkt und der Art der Partizipation unterteilt werden. Diese drei Kriterien werden ebenfalls im zu erstellenden Untersuchungsraster zu berücksichtigen sein.

2.3.1. Die Ebene der Partizipation

Partizipation kann auf lokaler, regionaler, nationaler oder internationaler Ebene stattfinden. Diese Unterscheidung beinhaltet lediglich eine Aussage über den Ort, nicht jedoch per se über die „Qualität" der Partizipation. Dennoch wird im Diskurs über Dezentralisierung allgemein angenommen, dass Partizipation bei politischen Entscheidungen quantitativ und qualitativ umso höher ist, desto näher die Entscheidungsebene dem Bürger ist. Allerdings muss dem Konzept der Subsidiarität entsprechend auch die Entscheidungsebene der Problemebene entsprechen.

Dezentralisierte Partizipation und Mitentscheidung wird durch die Nähe der zu entscheidenden politischen Fragen zum Alltag der Bürger

---

[116] Weltbank (2003b), S. 1.
[117] Vgl. DAC (1997), S. 88f.

erleichtert. Außerdem erleichtert Dezentralisierung die lokale politische Bildung, die Einübung demokratischer Verhaltensweisen sowie die Information der Bürger über Regierungspläne.[118] Dezentralisierung in Entwicklungsländern birgt jedoch auch Gefahren. Oft sind verwaltungstechnische Kompetenzen und politische Legitimität sowie Rechenschaftspflicht auf lokaler und regionaler Ebene schwächer als auf der nationalen ausgeprägt. Zudem können ethnische und religiöse Konflikte ausgelöst werden, wenn die Verteilung der zugestandenen Ressourcen auf der lokalen Ebene parteiisch missbraucht wird.[119]

2.3.2. Der Zeitpunkt der Partizipation

Eine weitere Unterscheidung ist anhand des Zeitpunktes, zu dem Partizipation stattfindet, festzumachen. Partizipation ist möglich in der Planungs-, Implementierungs-, Überwachungs- und in der Evaluierungsphase. Dabei ist der Einfluss der Partizipation tendenziell höher, je eher beziehungsweise in umso mehr Phasen sie stattfindet. Bei einer nicht-linearen Betrachtung der Zeitpunkte in Form eines sich schließenden Prozesszyklus erhält Partizipation in der Evaluation eine sehr große Bedeutung. In dieser Phase kann die Grundlage für folgende Projekte oder im PRS-Prozess für die folgenden Strategiepapiere und deren Umsetzung gelegt werden.

> In participatory evaluation a variety of stakeholders should actively take part in the determination of evaluation objectives, the selection of procedures and data collection methods, the analysis and interpretation of data, as well as decisions regarding measures and action based on recommendations produced as a result of the evaluation process.[120]

2.3.3. Der Grad der Partizipation

Eine letzte, auf den Einfluss der Partizipation abzielende Unterscheidung ist in der nachfolgenden Tabelle dargestellt. Diese Tabelle beinhaltet Partizipationskonzepte verschiedener Autoren. Die gröbste Abstufung nehmen McGee und Norton vor, die insgesamt vier Stufen der Partizipation unterscheiden.[121] Bei Bliss hingegen reicht die Skala von *information sharing* bis *control by stakeholders* über sieben Stufen.[122] Alle Autoren

---

[118] Vgl. DAC (1997), S. 13.
[119] Vgl. DAC (1997), S. 17.
[120] DAC (1997), S. 92.
[121] Vgl. McGee/Norton (2000), S. 14.
[122] Vgl. Bliss (2000), S. 8.

sehen die reine Informationsmitteilung als die schwächste Form der Partizipation an, die gemeinsame Entscheidung als eine mittlere Form und Kontrolle durch die Betroffenen als die stärkste Form.

Tabelle zum Grad der Partizipation[123]

BMZ	Brinkerhoff/ Goldsmith	McGee/ Norton	Bliss
information-sharing	information-sharing	information-sharing	information-sharing
consultation	consultation	consultation	consultation
collaboration	collaboration		participation
joint-decision making	joint-decision making	joint-decision making	co-determination
			joint responsibility
empowerment	empowerment	initiation and	partnership
control by stakeholders		control by stakeholders	control by stakeholders

Anhand dieser Konzepte können unterschiedliche Partizipationsformen eingeteilt und verglichen werden. Der Einfluss, den Partizipation hervorbringt, ist bei schwächeren Formen der Partizipation allerdings unklar. Je stärker die Form der Partizipation ist, desto näher kommt sie an das Ziel der Selbstbestimmung heran. Theoretisch denkbar ist jedoch auch, dass bei einem reinen Informationsaustausch alle Wünsche und Bedürfnisse der Partizipierenden übernommen werden. Dies ist lediglich nicht garantiert.

---

[123] Eberlei (2001), S.11.

3. Das Kriterienraster

Im Folgenden werden die bisher genannten Voraussetzungen an auf Selbstbestimmung ausgerichtete Partizipation zusammengeführt. Daraus soll ein umfassendes Untersuchungsraster entstehen, das alle relevanten Kriterien für eine Messung der Partizipation umfasst. Anhand dieser Kriterien können das Ausmaß und die zeitliche Veränderung der Partizipation und der sie ermöglichenden Umgebung detailliert dargestellt werden.[124] Der Fokus liegt dabei auf Partizipation im PRS-Prozess. Die zu untersuchenden Kriterien werden dennoch auch für das gesamte politische und gesellschaftliche System, den Staat, aufgestellt und untersucht. Dadurch soll erstens die Möglichkeit gegeben werden, den Kontext im Auge behalten zu können, in dem Partizipation im PRS-Prozess stattfindet. Es kann angenommen werden, dass die Ausprägung der Partizipation im Gesamtsystem einen starken Einfluss auf das Ausmaß der Partizipation im PRS-Prozess hat. In die entgegengesetzte Richtung kann zudem eine gegebenenfalls vorhandene Rückwirkung des Verlaufs der Partizipation im PRS-Prozess auf das Gesamtsystem erkannt werden. Für eine aussagekräftige Untersuchung einer solchen Spillover-Hypothese ist die bisherige Dauer des PRS-Prozesses gleichwohl noch zu kurz. Zweitens beziehen sich die für die Untersuchung relevanten Kriterien zunächst auf politische und gesellschaftliche Systeme. Die zuvor dargestellten Kriterien wurden überwiegend aus Demokratietheorien abgeleitet, die sich auf politische und gesellschaftliche Systeme und nicht auf einen Spezialfall wie den hier untersuchten PRS-Prozess beziehen. Diese Kriterien erfordern teilweise eine Modifikation, um Partizipation im Rahmen des PRS-Prozesses zu messen. Das Kriterienraster für den PRS-Prozess ist somit eine spezialisierte Version des allgemeinen, auf den Staat zugeschnittenen Untersuchungsrasters.

Die Kriterien werden in Partizipation direkt messende und in Partizipation ermöglichende Kriterien unterteilt. Die Auswahl der Partizipation ermöglichenden Kriterien beschränkt sich auf beeinflussbare Kriterien. Damit fallen viele der Kriterien weg, deren Bedeutung in deskriptiven Untersuchungen herausgearbeitet wurde. Diese sind teilweise – wie bei einigen Faktoren der politischen Kultur – in ihren Ursachen kaum und nur sehr langfristig zu beeinflussen. Diese bekannten Einschränkungen und Erschwernisse müssen durch geeignete Maßnahmen wie beispielsweise

---

[124] Falls im Zeitverlauf Veränderungen oder bei einem internationalen Vergleich Unterschiede des Ausmaßes der quantitativen Partizipation gemessen werden sollten, die nicht durch Unterschiede in den durch das Kriterienraster gemessenen, beeinflussbaren Kriterien erklärbar sind, kann dies auf eine Veränderung beziehungsweise einen Unterschied der langfristigen (im Sinne dieser Arbeit unbeeinflussbaren) Einstellungen zurückzuführen sein oder auf gegebenenfalls nicht bedachte relevante Kriterien hindeuten.

eine Mindestbeteiligung von Frauen ausgeglichen werden. Lediglich diese Maßnahmen werden in der Untersuchung als relevant angesehen, da sie im Gegensatz zu den zugrunde liegenden Ursachen direkt beeinflussbar sind. Es wird angenommen, dass diese unbeeinflussbaren oder lediglich langfristig beeinflussbaren Faktoren nicht unabdingbare Voraussetzungen für Partizipation sind. Beispielsweise erhöht eine aufstrebende Mittelschicht mit guter Bildung und materiellen Ressourcen sicherlich allgemein den Druck auf die Regierung, Partizipationsrechte einzuräumen. Allerdings können, sozusagen als Ersatz für diese geschichtlichen Prozesse und Kausalitäten, auch aktive Strategien und Maßnahmen die Basis gesamtgesellschaftlicher Partizipation schaffen. Um diese handelt es sich bei den ermöglichenden Kriterien. Statt modernisierungstheoretisch auf eine autarke Entwicklung der von der Politik größtenteils unbeeinflussbaren Faktoren zu warten, damit sie eine positive Auswirkung auf die Bedingungen der Partizipation für bestimmte Gruppen entfalten können, sollen aktive Unterstützung und Ermöglichung partizipationsfreundliche Bedingungen für möglichst alle Bürger schaffen. Mit dem Kriterienraster sollen sowohl dieses ermöglichende Umfeld als auch die Ausprägung der Partizipation gemessen werden können. Dabei ist zu beachten, dass nicht nur die Ausprägung der Partizipation selbst, sondern auch die Ausprägung der sie ermöglichenden Kriterien für die Beurteilung wichtig ist. Zwar ist Redefreiheit keine Partizipation, aber die Teilnahme der Bürger ohne Redefreiheit kann auch keine Partizipation im Sinne dieser Arbeit sein.

Partizipation ist untrennbar mit der Reflexion über Demokratie verbunden und auch für Entwicklungsstrategien kein neues Konzept. Dennoch sind bis jetzt keine *best practices* für die Förderung der Partizipation durch eine Partizipationsforschung auf präskriptiver Grundlage oder die entwicklungspolitische Praxis vorhanden. Die in dieser Arbeit entwickelten Kriterien sind somit zwar theoretisch fundiert, aber nicht empirisch in ihrer Wirksamkeit belegt. Wie es bei anderen demokratischen Praktiken oder Institutionen von Land zu Land Abweichungen gibt, beispielsweise im Wahlsystem oder bei der Balance der unterschiedlichen staatlichen Gewalten, müssen auch bei der jeweiligen Ausgestaltung der Partizipation unterschiedliche Formen möglich sein. Die folgenden Kriterien sollen keinen kulturellen *bias* beinhalten. Argumente, die Demokratie oder demokratische Prinzipien wie gleichberechtigte Partizipation per se und nicht lediglich in spezifischen Ausprägungen als für eine Kultur ungeeignet erachten, sind nicht plausibel.[125]

---

[125] Vgl. Sen (2000).

Im Folgenden wird die Auswahl der Hauptkriterien und der jeweils subsumierten Kriterien dargestellt. Die Hauptkriterien und die untergeordneten Kriterien werden durch kursive Schrift hervorgehoben. Außerdem wird eine kurze Beschreibung der Bedeutung des Kriteriums gegeben, falls dies nicht bei der Herleitung des Kriteriums ausreichend möglich war. Falls ein Kriterium lediglich für das Gesamtsystem oder den PRS-Prozess Bedeutung hat, wird dies angegeben und erklärt.

3.1. Die Kriterien

3.1.1. Partizipation messende Kriterien

Die Kriterien zur Messung der Partizipation wurden zuvor aus der Definition der Partizipation abgeleitet.[126] Es sind dies zum einen das Ausmaß und die Art der Teilnahme, die im übergeordneten Kriterium *Politics* zusammengefasst sind. Zum anderen ist dies der Einfluss der Partizipation im Kriterium *Polity*.[127]

(1) Politics: Wie inklusiv, repräsentativ, in welchem Grad und bei welchen Themen werden die Betroffenen staatlichen Handelns in den Willensbildungs-, Entscheidungs-, Implementierungs- und Evaluierungsprozess eingebunden? Während die *Inklusivität*, die unterschiedlichen *Zeitpunkte* und der *Partizipationsgrad* bereits diskutiert wurden,[128] soll hier noch auf die Kriterien *Repräsentativität* und *Themen* eingegangen werden, die nicht zuvor aus theoretischen Konzepten abgeleitet wurden.

Das Maximum bei der Bewertung bezüglich der Inklusivität ist die ständige Teilnahme aller Bürger. Ein wichtiges realistisches und erreichbares Ziel ist eine zu mehreren Zeitpunkten stattfindende repräsentative Beteiligung. Dies können sowohl „normale" Bürger unterschiedlicher Bevölkerungsgruppen als auch unterschiedliche Bevölkerungsgruppen repräsentierende Organisationen sein. Bei vielen Studien und der externen

---

[126] Vgl. Kapitel 2.1.3.

[127] Die Verwendung der Begriffe *Politics, Policy* und *Polity* impliziert keine Untersuchung des Gesamtsystems oder des PRS-Prozesses im vollständigen Rahmen dieser drei Konzepte. Diese Begriffe wurden lediglich als Überbegriffe aufgrund der etablierten, unterschiedlichen Blickrichtung verwendet, um jeweils die passenden Kriterien für Partizipation darunter zu subsumieren. Während bei den Kriterien *Policy* und *Polity* die Verantwortung für die Ausprägung der Kriterien alleine beim Staat liegt, findet bei dem Kriterium *Politics* wie bei allen weiteren Kriterien eine Interaktion zwischen dem Staat, seinen Maßnahmen, Angeboten und Rahmensetzungen, sowie den Bürgern durch ihre Reaktion auf diese Gegebenheiten statt.

[128] Vgl. Kapitel 2.1.3., 2.3.2. und 2.3.3.

Unterstützung findet das Parlament wenig Beachtung neben intermediären Organisationen.[129] Da dies aber gemäß Definition und in der Theorie das Repräsentationsorgan *par excellance* ist, wird auch das Parlament – trotz seiner Stellung im politischen System – hinsichtlich seiner Partizipation untersucht. Bei der Beurteilung der Repräsentativität kann zunächst an eine Unterscheidung nach Geschlecht, Ethnie, Religionsgruppe, Parteizugehörigkeit, Einkommensgruppe, Berufsgruppe, geografischen Regionen und nach Stadt oder Land sowie dem Alter gedacht werden. Außerdem sollten Personengruppen wie chronisch Kranke, zum Beispiel an HIV/AIDS erkrankte Personen, sowie (illegale) Einwanderer und Flüchtlinge berücksichtigt werden. Die relevanten Bevölkerungsgruppen sind jedoch von Land zu Land unterschiedlich, weshalb hier keine allumfassende Auflistung für die Messung möglich ist. In einem Land, in dem die ethnische Zugehörigkeit keine Bedeutung spielt, wäre beispielsweise eine Ethnisierung des Prozesses kontraproduktiv und sollte nicht aufgrund einer hier getroffenen Vorgabe positiv bewertet werden.

Als letztes Unterkriterium sollen die Themenfelder untersucht werden. Es ist zwar anzunehmen, dass die Einbindung der Bürger beispielsweise bei Themenfeldern wie Bildung und Gesundheit, die den Einzelnen direkt betreffen und in denen er mehr persönliche Erfahrung hat, leichter als im Bereich der Makroökonomie erreichbar ist. Jedoch ist das Ziel die Partizipation in möglichst allen Bereichen.[130]

(2) Policy: Welchen *Einfluss* hat die Partizipation auf politische Programme? Wie hoch ist die *Legitimität* beziehungsweise die gleichberechtigte Berücksichtigung der Belange der Bürger im politischen Handeln? Dieses Kriterium misst den Einfluss der Partizipation und damit den qualitativen Teil der Partizipationsdefinition. Es spiegelt somit die wichtige Ausweitung der Partizipation über den Bereich des Prozesses hinaus auf die Inhalte wider. Für den PRS-Prozess ist nicht nur der Einfluss der Partizipation auf das PRSP interessant, sondern auch der letztendliche Einfluss über das PRSP auf nationale Politikentscheidungen und die Programme der Weltbank und des IWF.

---

[129] Vgl. Eberlei/Henn (2003) für eine aktuelle Studie zur Einbindung der Parlamente im PRS-Prozess.

[130] Es sind lediglich einige wenige Bereiche wie Nachrichtendienste auszunehmen. Diese dürften bei einer zu großen Ausweitung der direkt einwirkenden Partizipation statt einer nachträglichen Rechenschaft in Frage gestellt werden.

3.1.2. Partizipation ermöglichende Kriterien

(3) Polity: In welchem Ausmaß besteht eine institutionelle *Absicherung* der Partizipation für Bürger, intermediäre Organisationen und das Parlament? Wie sind die *Freiheitsrechte* abgesichert? Partizipation ist ohne Meinungs-, Versammlungs- und Vereinigungsfreiheit nicht denkbar, jedenfalls nicht in einem friedlichen Rahmen. Dies bedeutet nicht nur die gesetzliche Garantie dieser Freiheiten, sondern auch die Absicherung durch die Judikative, die deshalb ebenfalls untersucht werden muss. Die Freiheiten müssen nicht nur *de jure,* sondern auch *de facto* gewährleistet sein. Während die institutionelle Absicherung der Partizipationsmöglichkeiten eine Entsprechung im PRS-Prozess finden kann, gilt dies nicht für die Freiheitsrechte. Es ist nicht vorstellbar, dass Versammlungsfreiheit oder Meinungsfreiheit lediglich für den PRS-Prozess gewährt wird. Es ist somit zwar für das gesamte politische System ein beeinflussbares Kriterium, das jedoch auf der Ebene des PRS-Prozesses als extern gegeben hingenommen werden muss. Insbesondere bei einem Kriterium wie den Freiheitsrechten, für die eine hohe Bedeutung angenommen werden kann, schränkt der mangelnde direkte Einfluss im Rahmen des PRS-Prozesses die Möglichkeiten der Förderung der Partizipation im PRS-Prozess deutlich ein. Die Beachtung solcher Gegebenheiten ermöglicht jedoch auch eine realistischere Erwartungshaltung an den PRS-Prozess hinsichtlich der Partizipationssteigerung.

Neben der institutionellen Absicherung der Partizipation selbst und der Gewährung von Freiheitsrechten muss das politische System weitere die Partizipation ermöglichende Leistungen erbringen. Dabei ist zunächst die *Transparenz* des staatlichen Handelns von Bedeutung. Es soll untersucht werden, in welchem Ausmaß Informationen zur Verfügung gestellt werden und wie gut diese zugänglich sind. Die Zugänglichkeit kann durch mangelnde Verständlichkeit, Sprachbarrieren oder die Wahl von Kommunikationsmitteln mit einer geringen Reichweite eingeschränkt sein.

Ein weiteres Feld der staatlichen Verantwortung bei der Unterstützung der Partizipation soll unter dem Kriterium *Ausgleich* erschlossen werden. Die Untersuchung im Rahmen dieses Kriteriums soll beleuchten, inwiefern benachteiligten Bevölkerungsgruppen reale Chancen zur Partizipation geboten werden. Diese Gruppen umfassen vor allem Frauen, Arme, die ländliche Bevölkerung, nicht der Amtssprache Mächtige, Kranke und Flüchtlinge sowie Illegale. Dabei wird allerdings keine Maßnahme des Ausgleichs der Benachteiligung favorisiert. Die Maßnahme kann sowohl im Zwang, beispielsweise eine bestimmte Quote der jeweiligen Gruppe zu beteiligen, oder in ermöglichenden Angeboten wie

Aufwandsentschädigungen für Arme oder besondere Vorkehrungen für Kranke liegen.

Die zu erwartenden positiven Auswirkungen der *Dezentralisierung* wurden bereits dargestellt.[131] Für die Messung der Dezentralisierung sollten die Anzahl und die Ebenen von Verwaltungen, eine den Aufgaben entsprechende Mittelzuweisung sowie die Angemessenheit der Dezentralisierung angesichts der lokalen Situation[132] beachtet werden. Eine Übersetzung für den PRS-Prozess kann nicht völlig dem Prinzip der Subsidiarität entsprechen. Bei der Erstellung des PRSP handelt es sich um eine nationale Strategiedefinition. Sie kann deshalb per Definition nicht völlig dezentralisiert werden. Dennoch ist jeweils in Teilen ein dezentrales Vorgehen möglich, das die positiven Auswirkungen der Dezentralisierung für die Partizipation im PRS-Prozess nutzt. Beispielsweise kann zunächst die Interessenartikulation und Prioritätensetzung dezentral erfolgen. Diese unterschiedlichen Vorstellungen müssen dann allerdings im nächsten Schritt mit einem entsprechenden *bottom-up*-Ansatz für die letztendliche Strategieerstellung in Einklang gebracht werden. In späteren Stadien des Prozesses kann es ebenfalls Möglichkeiten für dezentrale Partizipation geben, beispielsweise bei der Implementierung beschlossener Programme.

(4) Erkenntnis: Für sinnvolle Partizipation sind sowohl *Bildung* als auch *Wissen* notwendig. Erkenntnis folgt aus Bildung und Wissen, wenn durch Bildung die Relevanz verschiedener durch Wissen bekannter Informationen für die Lösung eines Problems richtig eingeschätzt wird. Es werden sowohl Bildungsangebote für Kinder und Jugendliche als auch für Erwachsene untersucht. Der grundlegende Bildungsstand und damit die Effektivität des allgemeinen Bildungsangebots kann grob durch die Alphabetisierungsquote gemessen werden. Das politische Bildungsangebot sollte Menschenrechte, demokratische Rechte sowie Informationen über gesellschaftliche Verhältnisse und deren Wirkungsmechanismen umfassen. Insbesondere für zivilgesellschaftliche Organisationen ist zudem das Angebot spezialisierter Weiterbildung interessant, beispielsweise in Budgetfragen. Für die Förderung der Partizipation im Rahmen des PRS-Prozesses können nicht das Angebot der allgemeinen Bildung und die Alphabetisierung als endogen angesehen werden, sondern lediglich das darüber hinausgehende, politische Bildungsangebot. Das allgemeine Bildungsangebot und die Alphabetisierung können zwar über das PRSP bei erhöhten Ausgaben für den Bildungssektor gesteigert werden, sind aber nicht Aufgaben der

---

[131] Vgl. Kapitel 2.3.1.
[132] Dezentralisierung bei einer auf der unteren Ebene geringeren Transparenz und Rechenschaftspflicht kann gegenteilige Wirkungen hervorbringen und beispielsweise lediglich die Machtposition lokaler Eliten oder bestimmter Ethnien stärken.

Förderung der Partizipation im Prozess selbst. Für die Bewertung des Kriteriums der Bildung sind das Ausmaß des Angebots, die Anzahl der Teilnehmer und die Themenvielfalt relevant.

Das Kriterium des Wissens beinhaltet zunächst die Frage, wie umfassend und in welcher Qualität Daten erhoben werden. Dabei ist beispielsweise auch die Disaggregation der Daten nach Geschlecht oder Regionen wichtig, um politische Interventionen genauer und besser gestalten zu können. Außerdem ist die Zugänglichkeit hinsichtlich Verständlichkeit und Distribution der Daten von Interesse. Studien, beispielsweise über intendierte und nicht intendierte Auswirkungen politischer Entscheidungen oder ökonomische Wirkungszusammenhänge, stellen ebenfalls eine Wissensgrundlage für die Partizipation dar. Dabei sind die untersuchten Bereiche, die Qualität und die Zugänglichkeit der Studien von Interesse.

(5) Öffentlichkeit: Unter dem Kriterium Öffentlichkeit soll für das Gesamtsystem die Verbreitung von *Kommunikationsmöglichkeiten* wie Telefonanschlüssen, Internetzugängen und Massenmedien untersucht werden. Für den Bereich des PRS-Prozesses ist die Ausgestaltung der Infrastruktur nicht beeinflussbar. Es kann lediglich eine Analogie zur Verbreitung der Medien im Gesamtsystem in dem beeinflussbaren Kriterium gesehen werden, wie weit die über den PRS-Prozess berichtenden Medien verbreitet sind. Die restlichen Fragen der Infrastruktur sind extern vorgegeben. Neben dieser Infrastruktur der Kommunikationsmöglichkeiten soll auch die *Ausgestaltung des Mediensektors* geprüft werden. Die Medien sind für die Untersuchung relevant, da sie als Mittler die gegebene Transparenz des staatlichen Handelns in Information für die Bürger übersetzen und die Willensäußerungen der Bevölkerung in die Gegenrichtung transportieren können. Bei der Untersuchung der Ausgestaltung des Mediensektors ist die Unabhängigkeit der Medien interessant, die durch gesetzliche Regelungen als auch durch ökonomischen Druck eingeschränkt sein kann. Da die „vierte Gewalt" neben ihrer Mittlerfunktion auch eine eigenständige, von breiteren gesellschaftlichen Interessen unabhängige Meinungsführerschaft übernehmen kann, ist auf Konkurrenz zwischen den Medien zu achten. Darüber hinaus sind der Umfang der Themen in der Berichterstattung sowie die Qualität der Berichterstattung entscheidend.

(6) Intermediäre Organisationen: Das Kriterium der intermediären Organisationen ist das einzige nicht aus den Demokratietheorien, sondern aus den einschränkenden Bedingungen der Realität abgeleitete

Kriterium.[133] Es hängt mit der bereits beim Kriterium der *Politics* dargestellten Einsicht zusammen, dass nie alle Bürger auf der gesamten Gesellschaftsebene umfassend beteiligt sein können. Bereits die Ressource Zeit setzt gewisse, nicht beeinflussbare Grenzen. Die potenziell vorhandene Themenfülle und das je nach Themengebiet erforderliche Spezialwissen erfordern eine, zumindest teilweise, Spezialisierung auf Seiten der Teilnehmer. Organisatorisch sind dazu am besten Verbände und zivilgesellschaftliche Organisationen in der Lage. Ihre Organisationsstruktur begünstigt daneben auch die Möglichkeit der Aggregation unterschiedlicher Interessen und der effektiveren Durchsetzung dieser Interessen. Deshalb müssen die Organisationen entweder eine repräsentative Mitgliedschaft und eine demokratische Organisationsform haben oder die Organisationen müssen in ihrer Gesamtheit repräsentativ sein, um nicht unorganisierte Gruppen zu benachteiligen. NROs können eine Schlüsselrolle spielen, um Partizipation der benachteiligten Bevölkerungsgruppen zu steigern, indem sie mobilisieren, Selbsthilfe aktivieren, Hilfsmittel direkt den Bedürftigen zukommen lassen und für Empowerment streiten.[134]

Zu den intermediären Organisationen werden NROs, privatwirtschaftliche Organisationen, Forschungsinstitute und Parteien gezählt. Zu den NROs gehören Selbsthilfegruppen, *advocacy*-Organisationen und Mitgliederorganisationen wie Gewerkschaften, Arbeitgeberverbände und Kirchen. Bei der Bewertung wird die *Repräsentativität* der Organisationen in der Vertretung unterschiedlicher Bevölkerungsgruppen und deren Interessen sowie die *Leistungsfähigkeit* und *Unabhängigkeit* der Organisationen bewertet. Die Bewertung soll auch nach unterschiedlichen Sektoren erfolgen, zum Beispiel Parteien oder Gewerkschaften. Für den PRS-Prozess wird zudem interessant sein, ob Organisationen mit einer *Spezialisierung* auf den Prozess vorhanden sind.

Die Einstellung der Regierung, der intermediären Organisationen und der Bürger zur Partizipation wird nicht als Kriterium untersucht. Sicherlich ist dies ein sehr wichtiger Faktor für die Schaffung ermöglichender Umstände durch die Regierung und das Ausmaß der Nutzung der gegebenen Möglichkeiten durch Bürger und intermediäre Organisationen. Allerdings erscheint die Messung für die Regierung sehr schwierig, insbesondere im PRS-Prozess. Der öffentliche und internationale Druck auf die Regierungen in dieser Frage dürfte zumindest eine entsprechende Rhetorik hervorrufen.

---

[133] Mit der Neo-Pluralismustheorie steht eine demokratietheoretische Grundlage zur Verfügung, die allerdings primär auf Interessenorganisation und Mitwirkung in einer modernen parlamentarischen Demokratie ausgerichtet ist. Vgl. Fraenkel (1991).

[134] Vgl. OECD (2001), S. 65f.

Eine offen ablehnende Haltung ist deshalb sehr unwahrscheinlich. Somit wäre am Ende nur die Möglichkeit gegeben, aus den Taten in Relation zu den verfügbaren Ressourcen auf entsprechende Motive zu schließen. Da die Einstellung der Regierung aber nicht an sich von Interesse ist, sondern lediglich als vorgelagertes, andere Kriterien beispielsweise im Bereich *Polity* determinierendes Kriterium von Interesse wäre, erscheint es sinnvoller, diesen Teil der Kausalkette unbeleuchtet zu lassen. Denn wenn zur Messung des determinierenden Kriteriums ohnehin erst die determinierten gemessen werden müssen, erhöht dies weder die Qualität des Kriterienrasters noch erleichtert es die Messung.

Für die Messung der Einstellungen der Bürger und der intermediären Organisationen gilt die gleiche Problematik der Messbarkeit. Es ist anzunehmen, dass das ermöglichende Umfeld und der Einfluss der Partizipation auf die Einstellung positiv oder negativ einwirken. Die Einstellung der Bürger und der intermediären Organisationen ist am Ende lediglich das Bindeglied zwischen dem ermöglichenden Umfeld und der Anzahl der Beteiligten.[135]

3.2. Vergleich mit der Weltbank

Der Vergleich zwischen dem Konzept dieser Arbeit und dem der Weltbank zur Bewertung der Partizipation soll eine kurze Darstellung der Definitionen von Entwicklung und Partizipation der Weltbank einschließen. Auf diese Weise soll ein umfassenderes Bild der Weltbank gegeben werden, da sie keine klaren Aussagen trifft, wie sie die verkündete Bedeutung der Partizipation im Rahmen des PRS-Prozesses messen und beurteilen will.

3.2.1. Entwicklung und Partizipation

Die Weltbank hat ihr Verständnis von Entwicklung im Rahmen des Post-Washington Consensus deutlich erweitert. Neben makroökonomischen Daten sind inzwischen auch menschliche, soziale und ökologische Fragen von Bedeutung.[136] Im Weltentwicklungsbericht 2000/01 definiert die Weltbank Armut dementsprechend nicht nur als ökonomische Deprivation.

---

[135] Die Einstellungsvariable könnte lediglich in einem internationalen Vergleich erklären, wieso gegebenenfalls unterschiedliche Ausmaße der quantitativen Partizipation festzustellen sind, die nicht durch Unterschiede in den beeinflussbaren Kriterien erklärbar sind. Für die Untersuchung der Ausprägung der Partizipation und des ermöglichenden Umfelds selbst ist diese Frage zunächst nicht interessant.

[136] Vgl. Wolfensohn (1998), S. 12.

Sie geht sogar über die in ihrer Sicht inzwischen traditionelle Sichtweise der Erweiterung um die Dimensionen Gesundheit und Bildung hinaus, indem sie Verwundbarkeit und fehlende Mitsprache sowie Machtlosigkeit mit einbezieht.[137] Allerdings bleibt trotz dieser theoretischen Erkenntnis wirtschaftliche Entwicklung das übergeordnete Ziel der Weltbank. Andere Bereiche der Entwicklung „werden lediglich als Mittel für Entwicklung gewürdigt, ohne ihrem eigenständigen Wert als Entwicklungsziel, der in den programmatischen Äußerungen noch erwähnt wird, gerecht zu werden."[138]

Die Konzentration auf wirtschaftliche Entwicklung hat auch für die Förderung der Partizipation im PRS-Prozess Konsequenzen. Aus der Erkenntnis, dass „development projects and programs must be fully owned by *local* stakeholders if they are to succeed"[139], folgte die Forderung nach umfassender Partizipation, die dieses *ownership* erreichen soll.[140] Im Sourcebook for Poverty Reduction Strategies wird Partizipation folgendermaßen definiert: „Participation is the process by which stakeholders influence and share control over priority setting, policymaking, resource allocations, and/or program implementation."[141] Die Definition weist eine weite Übereinstimmung mit der hier verwendeten Definition auf, da sie sich nicht nur auf die Teilnahme beschränkt, sondern auch Einfluss und Kontrolle umfasst. Daher erscheint die Frage, welches Ziel die Weltbank mit der Forderung nach Partizipation verfolgt, zunächst zweitrangig. Jedoch kann die Prioritätensetzung der Ziele, beziehungsweise der Mittel bei der Annahme eines einzigen Ziels, der wirtschaftlichen Entwicklung, sehr wohl einen entscheidenden Einfluss auf das letztendliche Ergebnis in Bezug auf die Förderung der Partizipation haben. Denn die Weltbank muss bei ihren unterschiedlichen Forderungen an ein Land Kompromisse eingehen. Dabei wird die Bedeutung, die einem einzelnen Ziel oder Mittel zugesprochen wird, einen entscheidenden Einfluss haben.

3.2.2. Bewertung der Partizipation durch die Weltbank

Die Zweifel, mit welcher Ernsthaftigkeit die Weltbank Partizipation im PRS-Prozess fördert, werden durch nicht vorhandene Bewertungsmaßstäbe verstärkt. Dies wird mit den unterschiedlichen kulturellen und politischen Traditionen der Länder begründet.[142] Die Ablehnung länderspezifischer

---

[137] Vgl. Weltbank (2000b), S. 15.
[138] Sehring (2003), S. 94.
[139] Wolfensohn (1997).
[140] Vgl. Weltbank (2002), S. 6.
[141] Weltbank (2002), S. 237.
[142] Vgl. IWF/IDA (1999), Kapitel IV.

Programme und Politiken während der Förderung des Washington Consensus ist bei der Förderung der Partizipation im PRS-Prozess ohne Diskussionen aufgehoben. Allerdings werden statt einer allgemeingültigen Standardforderung keine länderspezifischen Forderungen erhoben, sondern überhaupt keine. Dabei würde sich eine Anforderung an Partizipation lediglich auf eine prozessuale beschränken und damit kein Ergebnis vorschreiben oder das *ownership* des Landes gefährden. Die Weltbank nennt allerdings einige Punkte, die die Repräsentativität, die mögliche Partizipation bei der Implementierung und Evaluierung sowie die Möglichkeit von „feedback"[143] zu der Strategie betreffen, die die Regierung „may wish to consider"[144]. Feste Bestandteile der dargestellten Definition der Weltbank für Partizipation sind somit in der Operationalisierung nur noch Möglichkeiten. Die in den Ländern stattfindende Partizipation muss somit nicht einmal der Definition der Partizipation entsprechen, muss also nicht ihre Bezeichnung der Definiton gemäß verdienen, um ausreichend zu sein. Die Entscheidung, ob Partizipation ausreichend stattgefunden hat, findet in geheimer Beratung der Exekutivdirektorien der Weltbank und des IWF statt. Dabei soll die Entscheidung anhand eines Vergleichs zum Landesüblichen gefällt werden.[145] Der Verzicht auf allgemeine Bewertungskriterien erscheint weniger als positive Neuerung, um die Besonderheiten eines Landes würdigen zu können, denn als Einladung zur Willkür und damit als Möglichkeit, die offiziell verkündete Bedeutung der Partizipation im PRS-Prozess inoffiziell wieder absenken zu können.

Dieser Eindruck wird durch die Richtlinien für Joint Staff Assessments eines PRSP verstärkt. Im Gegensatz zu den Inhalten des PRSP soll der Partizipationsprozess bei der Erstellung des PRSP nicht durch die Mitarbeiter der Weltbank und des IWF beurteilt werden. „The Executive Boards have instructed the staffs to describe, but not to evaluate, the participatory process. It is recognized that the participatory process is designed and managed by the government and that staff knowledge of the process and its impacts will often be incomplete."[146] Die Darstellung der Partizipation im PRS-Prozess soll lediglich auf der Grundlage der Informationen im PRSP erfolgen und damit umso mehr auf Regierungsangaben beruhen, je weniger Partizipation stattgefunden hat. Dabei sollen Aussagen zur Repräsentativität, zu während des partizipativen Prozesses vorgebrachten Anliegen, zum Einfluss des Prozesses auf die Strategie und zu den Plänen der Verbreitung des PRSP gemacht werden.[147] Diese Kriterien haben zwar alle einen Bezug zu den hier aufgestellten

---

[143] IWF/IDA (1999), Kapitel IV.
[144] IWF/IDA (1999), Kapitel IV.
[145] Vgl. Eberlei (2002), S. 11.
[146] IWF/IDA (2001), S. 3.
[147] Vgl. IWF/IDA (2001), S. 3f.

Kriterien, allerdings sind viele, wie beispielsweise das Bildungsangebot, überhaupt nicht berücksichtigt. Andere Kriterien wie Transparenz werden durch die Beschreibung der geplanten Verbreitung des PRSP nur sehr begrenzt abgedeckt.

3.3. Vergleich mit anderen Indices und Studien

Es gibt keine auf Partizipation spezialisierten Indices. Wenn politische Fragestellungen im Vordergrund stehen, dann wird gewöhnlich das gesamte politische System untersucht. Dennoch soll dargestellt werden, welche der Partizipation zuzurechnenden Variablen im Index von Freedom House (FH) und im Bertelsmann Transformation Index (BTI) untersucht werden. Danach sollen kurz zwei groß angelegte, auf den PRS-Prozess spezialisierte Studien dargestellt werden, die zwar kein Ranking anstreben, aber in systematischer Form den Prozess untersuchen.

Der wohl bekannteste Demokratie messende Index, der jährlich von Freedom House herausgegebene Bericht „Freedom in the World"[148], misst Kriterien in den zwei Teilbereichen politische und zivile Freiheit. Im politischen Bereich wird vor allem indirekte Partizipation durch die Wahl politischer Repräsentanten gemessen. Direkte Partizipation rückt lediglich bei der Frage nach Autonomie und Selbstverwaltung von Minderheiten in das Blickfeld der Untersuchung und allgemein nur bei der Untersuchung traditioneller Monarchien. Die in dieser Arbeit gestellte Frage nach dem Einfluss der Partizipation wird indirekt durch die Rechenschaftspflicht der Regierung und der Möglichkeit der Abwahl aufgegriffen. Es wird also, außer in den Spezialfällen der Minderheiten und der traditionellen Monarchien sowie für Wahlen, keine Partizipationsbewertung durchgeführt, sondern lediglich das Vorhandensein und die Qualität einer *electoral democracy*[149] gemessen. Dennoch sind mit Offenheit, Transparenz und der Ermangelung des externen Drucks auf die politische Meinung der Bürger Kriterien vorhanden, die auch in dem hier vorgeschlagenen Kriterienraster beinhaltet sind. Dies gilt umso mehr für die Kriterien im Bereich der zivilen Freiheiten. Hier werden Kriterien angeführt, die primär Freiheitsrechte und den Rechtsstaat betreffen, also im ermöglichenden Kriterium der *Polity* beinhaltet sind.

Ähnliche Ergebnisse sind bei einem Vergleich mit dem 2004 erstmals erschienenen BTI zu erlangen. Das Kriterium Politische Partizipation setzt sich aus den Indikatoren freie Wahlmöglichkeit bei der Auswahl der

---

[148] u.a. Freedom House (2003).
[149] Freedom House (2003), Methodology.

Herrschaftsträger und deren effektive Regierungsgewalt beziehungsweise Abhängigkeit von Veto-Akteuren zusammen. Partizipation bezieht sich also lediglich auf Wahlen. Zum anderen wird die Versammlungsfreiheit und Meinungsfreiheit beachtet. In anderen Kriterien sind sowohl weitere Freiheitsrechte als auch Rechtsstaatlichkeit aufgeführt, allesamt Bestandteile des Kriteriums *Polity* in dieser Arbeit. Einen Schritt weiter als Freedom House geht der BTI allerdings mit den Indikatoren des gesellschaftlich verankerten Parteiensystems zur Artikulation und Aggregation gesellschaftlicher Interessen sowie dem Kriterium der Verbände und Interessengruppen, die zwischen Gesellschaft und politischem System vermitteln sollen. Beide Indikatoren sind Bestandteile des Kriteriums Intermediäre Organisationen dieser Arbeit.

An diesen Vergleichen wird deutlich, dass sowohl bei FH als auch beim BTI von einer funktionstüchtigen Demokratie mit rechenschaftspflichtigen Herrschaftsträgern bei der Erarbeitung der Kriterien ausgegangen wird. Aus solch einer Sicht werden Kriterien abgeleitet, die dann allerdings den potenziell wichtigen Beitrag der direkten Partizipation in eingeschränkten, weniger funktionstüchtigen und rechenschaftspflichtigen Demokratien auslassen. Freiheitsrechte und Rechtsstaatlichkeit sind wichtige Güter und haben deshalb zu Recht ihren Platz sowohl bei FH und dem BTI als auch in dieser Arbeit. Doch hängt die Auswirkung dieser indirekt wirkenden Kriterien auf die politischen Programme bei der Betrachtungsweise von FH und dem BTI von dem Vorhandensein einer *electoral democracy* ab. Eine andere Einflussnahme der Bürger auf politische Entscheidungen und Maßnahmen ist im Konzept von FH nicht möglich. Der BTI beachtet zumindest durch die Kriterien des gesellschaftlich verankerten Parteiensystems und der zwischen Gesellschaft und politischem System vermittelnden Interessengruppen zwei weitere Einflussmöglichkeiten. Es ist bezeichnend, dass obwohl beide Indices einen „culture-bound view"[150] beziehungsweise eine „Festlegung auf bestimmte real existierende institutionelle Modelle"[151] negieren, eine direkte Demokratie mit getrennter Exekutive und Judikative deutlich schlechter abschnitte als eine repräsentative Demokratie. Aber auch von diesem in der Realität sehr unwahrscheinlichen Extremfall abgesehen, geht beiden Indices mit der direkten Partizipation ein demokratischer Grundgedanke verloren. Schließlich kann doch gerade in defekten Demokratien, die ohne leistungsfähige Parteien, Interessenorganisationen und einflussreiche Parlamente ausgestattet sind, ein deutlicher Unterschied durch Partizipation im Sinne dieser Arbeit geleistet werden. Interessanterweise nimmt FH bei Monarchien direkte Partizipation als Kriterium hinzu, erkennt also

---

[150] Freedom House (2003), Methodology.
[151] Bertelsmann Stiftung (2004), S. 101.

zumindest in diesem Spezialfall den Wert an, während der BTI dieses Kriterium völlig außer Acht lässt.

Ein Vergleich mit anderen, Partizipation im PRS-Prozess messenden Studien kann hier nicht extensiv dargestellt werden. Allein die quantitative Masse an Studien der Weltbank, von Regierungen, Forschungsinstituten und NROs macht ein solches Vorhaben an dieser Stelle unmöglich. Allgemein kann gesagt werden, dass nahezu alle Studien die Bewertung nicht anhand eines bestimmten Rasters untersuchen, sondern induktiv vorgehen. Dabei werden meist sehr länderspezifische Engpässe und Probleme aufgedeckt. Außerdem erscheint die Bewertung der Partizipation in vielen Studien undifferenziert und willkürlich. Hier sollen kurz zwei sich positiv abhebende und bekannte Studien genannt werden, die durch das britische Department for International Development (DFID) gefördert und von Forschungsinstituten durchgeführt wurden. Diese untersuchten in mehreren Ländern *ex ante* festgelegte Untersuchungskriterien für den PRS-Prozess. Es sind dies die Studie „Assessing Participation in Poverty Reduction Strategy Papers"[152] des Institute of Development Studies (IDS) und die „PRSP Institutionalisation Study"[153] des Overseas Development Institute (ODI). Jedoch lag bei beiden Studien der Fokus auf anderen oder spezielleren Fragen als bei dieser Arbeit. Das IDS beschäftigte sich neben dem hier im zweiten Kriterium gemessenen Einfluss der Partizipation auf den *policy*-Inhalt der PRS vor allem mit der Auswirkung der Partizipation im PRS-Prozess auf das gesamte politische System.[154] Das ODI untersuchte hingegen das in der vorliegenden Arbeit als Untersuchungsgegenstand verworfene Kriterium der Einstellung verschiedener *stakeholders* gegenüber Partizipation, die Institutionalisierung der Partizipation insbesondere auf der Ebene des gesamten politischen Systems sowie das Informationsangebot und die Nachfrage armutsrelevanter Daten.[155]

3.4. Das Raster

Im folgenden Raster sind die dargestellten Partizipation messenden sowie die Partizipation ermöglichenden Kriterien aufgeführt. Auf der linken Seite sind die Kriterien für das Gesamtsystem, den Staat, zu finden. Auf der rechten Seite sind die auf den PRS-Prozess zugeschnittenen Kriterien dargestellt. Falls ein Kriterium lediglich einer der beiden Ebenen

---

[152] McGee/Levene/Hughes (2001).
[153] ODI (2001).
[154] Vgl. McGee/Levene/Hughes (2001), Annex 1.
[155] Vgl. ODI (2001), S. 65f.

zugeordnet wird, es also keine Entsprechung auf der anderen Ebene gibt, wird dies durch kursive Schriftsetzung hervorgehoben.

Zuletzt soll darauf hingewiesen werden, dass dieses Raster in der vorliegenden Form zur ordinalen Messung gedacht ist. Es ist somit nicht möglich, der speziellen Ausprägung eines Kriteriums in einem Land zu einer Zeit eine bestimmte Note in Bezug auf eine minimale und maximale Ausprägung des Kriteriums zu verleihen. Eine Beurteilung kann deshalb lediglich im Rahmen einer schwächeren oder stärkeren Ausprägung des Kriteriums in einem Land zu verschiedenen Zeitpunkten stattfinden, also den Prozess bewerten.

Das Kriterienraster

Kriterien für Partizipation im Staat	Kriterien für Partizipation im PRS-Prozess
Partizipation messende Kriterien	
(1) Politics:	*(1) Politics:*
- **Inklusivität:** Wie hoch ist die Anzahl der beteiligten Bürger und wie häufig sind die Interaktionen? In welchem Ausmaß werden intermediäre Organisationen und das Parlament beteiligt?	- **Inklusivität:** Wie hoch ist die Anzahl der beteiligten Bürger und wie häufig sind die Interaktionen? In welchem Ausmaß werden intermediäre Organisationen und das Parlament beteiligt?
- **Repräsentativität:** Wie hoch ist die Repräsentativität der beteiligten Bürger, der NROs und des Parlaments?	- **Repräsentativität:** Wie hoch ist die Repräsentativität der beteiligten Bürger, der NROs und des Parlaments?
- **Zeitpunkte:** Zu welchen Zeitpunkten findet Partizipation statt (Planung, Implementierung, Überwachung und Evaluation)?	- **Zeitpunkte:** Zu welchen Zeitpunkten findet Partizipation statt?
- **Partizipationsgrad:** Wie stark ist die Form der Partizipation (Kontinuum Konsultation bis zu alleiniger Entscheidung)?	- **Partizipationsgrad:** Wie stark ist die Form der Partizipation?
- **Themen:** In wie vielen Themenfeldern findet Partizipation statt?	- **Themen:** In wie vielen Themenfeldern findet Partizipation statt?
(2) Policy:	*(2) Policy:*
- **Einfluss:** In welchem Ausmaß übersetzt sich die Teilnahme der Bürger in politische Programme?	- **Einfluss:** Welchen Einfluss hat die Teilnahme der Bürger auf das PRSP? Welchen Einfluss hat das PRSP auf die Politik der Regierung und die Programme der Weltbank sowie des IWF?
- **Legitimität:** Wie gleichberechtigt sind die Interessen der Bürger berücksichtigt?	- **Legitimität:** Wie gleichberechtigt sind die Interessen der Bürger berücksichtigt?
Partizipation ermöglichende Kriterien	
(3) Polity:	*(3) Polity:*
- **Absicherung:** Welche institutionelle Absicherung der Partizipation gibt es für Bürger, intermediäre Organisationen und das Parlament?	- **Absicherung:** Welche institutionelle Absicherung der Partizipation im PRS-Prozess gibt es für Bürger, intermediäre Organisationen und das Parlament?
- **Freiheitsrechte:** *In welchem Ausmaß sind Freiheitsrechte institutionell abgesichert?*	
- **Transparenz:** In welchem Ausmaß werden Informationen über staatliches Handeln veröffentlicht? Wie gut ist der Zugang zu diesen Informationen?	- **Transparenz:** In welchem Ausmaß werden PRS-relevante Informationen veröffentlicht (allgemeine Informationen, Informationen zu den Verhandlungen mit

- **Ausgleich:** In welchem Ausmaß werden Maßnahmen ergriffen, um strukturell Benachteiligten Partizipation zu ermöglichen?
- **Dezentralisierung:** Wie dezentral ist das politische System organisiert?

den IFIs und zur Erstellung des PRSP)? Wie gut ist der Zugang zu diesen Informationen?
- **Ausgleich:** In welchem Ausmaß werden Maßnahmen ergriffen, um strukturell Benachteiligten Partizipation zu ermöglichen?
- **Dezentralisierung:** Wie dezentral ist Partizipation im PRS-Prozess organisiert?

(4) Erkenntnis:
- **Bildung:** In welchem Ausmaß werden allgemeine und politische Bildung angeboten und nachgefragt? Wie hoch ist der allgemeine Bildungsstand?
- **Wissen:** Wie umfassend und in welcher Qualität werden Daten erhoben und Studien erstellt? Wie gut ist der Zugang zu diesen Informationen?

(4) Erkenntnis:
- **Bildung:** In welchem Ausmaß werden auf den PRS-Prozess spezialisierte Bildungsangebote angeboten und nachgefragt?
- **Wissen:** Wie umfassend und in welcher Qualität werden für den PRS-Prozess relevante Daten erhoben und Studien erstellt? Wie gut ist der Zugang zu diesen Informationen?

(5) Öffentlichkeit:
- **Kommunikationsmöglichkeiten:** Welche Kommunikationsmittel stehen den Bürgern zur Verfügung?
- **Ausgestaltung des Mediensektors:** Wie unabhängig sind die Medien und wie hoch ist die Konkurrenz zwischen den Medien? Wie umfassend und wie qualitativ hochwertig ist die Berichterstattung?

(5) Öffentlichkeit:
- **Kommunikationsmöglichkeiten:** Wie hoch ist die Verbreitung der über den PRS Prozess berichtenden Medien?
- **Ausgestaltung des Mediensektors:** Wie unabhängig sind die über den PRS-Prozess berichtenden Medien und wie hoch ist die Konkurrenz zwischen ihnen? Wie umfassend und wie qualitativ hochwertig ist die Berichterstattung über den PRS-Prozess?

(6) Intermediäre Organisationen:
- **Repräsentativität:** Wie repräsentativ ist die Gesamtheit und sind Teilbereiche (z.B. Parteien oder Gewerkschaften) der intermediären Organisationen?
- **Leistungsfähigkeit:** Wie leistungsfähig sind die Organisationen?

- **Unabhängigkeit:** Wie unabhängig sind die Organisationen von der Regierung oder externen Geldgebern?

(6) Intermediäre Organisationen:
- **Repräsentativität:** Wie repräsentativ sind die am PRS-Prozess beteiligten Organisationen?

- **Leistungsfähigkeit:** Wie leistungsfähig sind die am PRS-Prozess beteiligten Organisationen?
- **Unabhängigkeit:** Wie unabhängig sind die am PRS-Prozess beteiligten Organisationen von der Regierung oder externen Geldgebern?
- *Spezialisierung: Sind auf den PRS-Prozess spezialisierte Organisationen vorhanden?*

4. Die Länderstudien

Für die Länderstudien wurden zwei Staaten, Uganda und Nicaragua, ausgewählt. Nach einer allgemeinen und kurzen Darstellung des jeweiligen Landes soll in der als *desk study* angelegten Untersuchung sowohl eine Messung der Kriterien für das Gesamtsystem des jeweiligen Staates als auch eine Messung der Kriterien zu unterschiedlichen Zeitpunkten des jeweiligen PRS-Prozesses durchgeführt werden. Für den PRS-Prozess soll aus dem Vergleich der Ausprägungen der Kriterien zu unterschiedlichen Zeitpunkten eine Bewertung des Prozesses zum Abschluss des jeweiligen Länderkapitels folgen.

Die Untersuchung des Gesamtsystems kann aufgrund des Fokus und der eingeschränkten Ressourcen der Arbeit keinen Anspruch auf eine umfassende Analyse des politischen und gesellschaftlichen Systems hinsichtlich der Kriterien erheben. Die Messung der Kriterien speist sich vor allem aus der Sekundärliteratur zu den Ländern, die durch Daten aus Primärquellen ergänzt wird. Die Messung der Partizipation im Gesamtsystem erlaubt eine geordnete und in die einzelnen zu untersuchenden Kriterien unterteilte Darstellung des Kontextes, in dem die Partizipation des jeweiligen PRS-Prozesses stattfindet. Die Untersuchung des PRS-Prozesses basiert auf den von den Ländern bei der Weltbank eingereichten offiziellen Dokumenten, den Einschätzungen der Weltbank und den verfügbaren Sekundärquellen. Die Messung der Kriterien für den PRS-Prozess schließt sowohl die verfügbaren Daten aus den Primär- und Sekundärquellen als auch die angegebenen Bewertungen dieser Daten in den Quellen ein. Die Bewertung der Veränderung der Kriterien erfolgt in einem Schlusskapitel zum jeweiligen Land. Bei der Messung des PRS-Prozesses wurde zunächst bei jedem Kriterium eine Unterteilung nach Subkriterien in der Reihenfolge des Kriterienrasters eingehalten. Tendenziell ist diese Einteilung erhalten geblieben, wurde aber zur Erhöhung des Leseflusses wenn notwendig wieder aufgehoben.

Für die Auswahl der beiden Länder war entscheidend, dass beide sehr frühe Teilnehmer an der HIPC-Initiative und am PRS-Prozess waren und sie nicht der gleichen Region angehören. Letzteres soll eine bei der Erstellung möglicherweise nicht erkannte regionsspezifische Ausprägung des Kriterienrasters aufdecken. Dies ist sowohl in Bezug auf die enthaltenen als auch in Bezug auf möglicherweise nicht bedachte Kriterien sowie für die Gruppierung der Kriterien denkbar. Das erste Auswahlkriterium, die möglichst lange Teilnahme am Prozess, sollte eine ausreichende Datenbasis sicherstellen. Wie bei der Erstellung des Kriterienrasters dargestellt wurde, kann bei einer ordinalen Messung lediglich eine Bewertung des Prozesses in Form einer positiven oder negativen Veränderung stattfinden, nicht aber eines bestimmten Zustands. Allerdings konnte kein Land bis zum Ende des Untersuchungszeitraums im März 2004 ein zweites fertiges PRSP vorlegen.

Aufgrund des fehlenden zweiten PRSP kann lediglich eine Messung der Partizipation im ersten Zyklus der Erstellung und Durchführung eines PRSP vorgenommen werden. Statt auf den nicht vorhandenen zweiten Zyklus wird sich die Bewertung jeweils auf Veränderungen während des ersten PRS-Zyklus und auf den Prozess, der bei kurz vor dem PRSP gefertigten Strategiepapieren stattfand, beziehen. Im Falle Ugandas ist das entsprechende vorhergehende Strategiepapier der partizipativ und kurz vor dem PRSP erstellte Poverty Eradication Action Plan (PEAP). Im Falle Nicaraguas ist das partizipativ erstellte I-PRSP das Vergleichsdokument. Ein Vergleich der Partizipation im PRS-Prozess mit derjenigen des Gesamtsystems kann nur sehr allgemein ausfallen, da sich die Messungen auf sehr unterschiedliche Prozesse beziehen. Zudem stellt für ein solches Unterfangen die hohe Dynamik der Entwicklung des jeweiligen Gesamtsystems ein beziehungsweise zwei Dekaden nach einem Bürgerkrieg ein Problem dar. Es ist dadurch kein guter Vergleichspunkt für eine Bewertung der Veränderung der Partizipation im PRS-Prozess, der circa vier bis fünf Jahre umfasst, gegenüber dem Gesamtsystem vorhanden. Es bleibt nur die Möglichkeit, auch die Messung des Gesamtsystems über den Zeitraum der letzten Jahre durchzuführen, wobei Rückwirkungen des PRS-Prozesses auf das Gesamtsystem beachtet werden müssen.

4.1. Uganda

4.1.1. Allgemeine Informationen

(1) Die Gesellschaft: In Uganda leben knapp 25 Millionen Menschen.[156] Die Altersstruktur zeigt eine Pyramide auf breitem Fundament mit einem Anteil Jugendlicher unter 14 Jahren von 50 Prozent. Die Dynamik der Bevölkerungsentwicklung wird durch ein jährliches Wachstum von drei Prozent belegt.[157] Insgesamt leben circa 40 Ethnien in Uganda, die anhand Sprache und Kultur in zwei Blöcke eingeteilt werden können. In den nördlichen Gebieten leben vor allem die Niloten und im Süden die Bantuvölker.[158] Die Religionsgruppen verteilen sich auf jeweils 33 Prozent Protestanten und Katholiken sowie 16 Prozent Muslime und 18 Prozent traditionelle Glaubensgemeinschaften.[159] In Uganda werden 43 lebende Sprachen verzeichnet.[160] Englisch ist die offizielle Amtssprache.[161]

Uganda wird im Human Development Index 2003 als Land mit einem niedrigen Entwicklungsstand eingeordnet. Es belegt mit einem Wert von 0,489 den 147. Rang von 175 Ländern. Ein Einkommen von 1.490 US-Dollar in Kaufkraftparitäten pro Kopf und Jahr entspricht dem 146. Rang im Bereich der ökonomischen Entwicklung und damit nahezu exakt dem des Gesamtindex.[162] Die Lebenserwartung beläuft sich auf knapp 45 Jahre und liegt damit etwas unter dem sub-saharischen Durchschnitt von 46,5 Jahren. Die geringere Lebenserwatungen ist vor allem auf die inzwischen relativ erfolgreich eingedämmte AIDS-Pandemie zurückzuführen. Mit einer Alphabetisierungsquote von 68 Prozent wird der sub-saharische Durchschnitt überboten (62,5 Prozent). Die Alphabetisierungsquote bei Jugendlichen von 15 bis 24 Jahren weist mit der höheren Quote von 79,4 Prozent auf eine positive Tendenz hin. Trotz des niedrigen Rangs im

---

[156] Vgl. Uganda Bureau of Statistics (2002), S. 3.
[157] Vgl. CIA (2003), Uganda.
[158] Vgl. InWEnt (2004), Landesüberblick.
[159] Vgl. CIA (2003), Uganda.
[160] Vgl. http://www.ethnologue.com [12. März 2003]. Die Amtssprache Englisch wurde Mitte der 70er Jahre lediglich von einer Million Ugandern und damit von circa zehn Prozent gesprochen. Neuere Daten liegen nicht vor.
[161] Landkarte: CIA (2003), Gutachten Uganda.
[162] Vgl. UNDP (2003), S. 239.

Gesamtindex des HDI ist auch der deutliche Anstieg von 0,412 (1995) auf aktuell 0,489 (2001) positiv hervorzuheben.[163]

Der Wert in Höhe von fast 1.500 US-Dollar Pro-Kopf-Einkommen in Kaufkraftparitäten entspricht real 280 US-Dollar. Das Bruttoinlandsprodukt (BIP) wuchs in den Jahren 1995 bis 2002 jährlich um durchschnittlich 6,7 Prozent.[164] Aufgrund des Bevölkerungswachstums fällt das Wachstum des Pro-Kopf-Einkommens allerdings circa drei Prozent niedriger aus. Diesen Makrodaten kann auch ein entsprechender Rückgang der Armut zugeordnet werden. Während 1992 noch 56 Prozent der Bevölkerung unter die Armutsgrenze[165] fielen, waren es 1999/2000 nur noch 35 Prozent. Dieser Trend bestätigt sich für alle Regionen[166] und sowohl für ländliche als auch städtische Gebiete.[167] Außerdem sind alle sozio-ökonomischen Gruppen von dieser Verbesserung betroffen.[168] Dies konnte erreicht werden, obwohl der die Gleichheit der Einkommensverteilung messende Gini-Index im Beobachtungszeitraum von 0,364 leicht auf 0,384 anstieg.[169] Partizipative Messungen ergeben allerdings teilweise ein negativeres Bild der Armutsentwicklung aus Sicht der Betroffenen.[170]

(2) Das politische System: Mehrere Königreiche existierten im Gebiet des heutigen Uganda, als infolge der Berliner Konferenz von 1890 das Gebiet 1894 zu einem britischen Protektorat wurde. Uganda erreichte 1962 seine Unabhängigkeit vom Vereinigten Königreich Großbritannien. Die ersten zwei Jahrzehnte der Unabhängigkeit waren von großer Instabilität geprägt. Der König von Buganda, Edward Muteesa, war der erste Präsident des unabhängigen Uganda. Milton Obote, der erste Premierminister, stürzte Muteesa 1966. 1967 wurde Uganda eine Republik. 1971 wurde Obote von Idi Amin gestürzt. Unter Amins Herrschaft wurden Hunderttausende Ugander ermordet. Nachdem 1978 Amin Tansania angegriffen hatte, wurde er durch die tansanische Armee und ugandische Exilgruppen besiegt und abgelöst. 1980 kam erneut Obote durch unfreie Wahlen an die Macht. Obotes Rückhalt war in den Ethnien des ugandischen Nordens, während

---

[163] Vgl. UNDP (2003), S. 243.
[164] Vgl. Weltbank (2003), S. 1.
[165] Die Armutsgrenze wird anhand eines Nahrungsmittel-Warenkorbes gemessen, der ungefähr einem halben Dollar pro Tag entspricht.
[166] Vgl. Appleton (2001), S. 23.
[167] Appleton (2001), S. 20.
[168] Vgl. Appleton (2001), S. 25. Die Minenarbeiter, die 0,1% der Bevölkerung stellen, bilden die einzige Ausnahme.
[169] Vgl. Appleton (2001), S. 20.
[170] Vgl. McGee (2000), S. 13. McGee führt als mögliche Gründe an, dass die quantitative Analyse nur Konsumdaten beobachtete, während in der partizipativen Analyse auch nicht-materielle Güter beobachtet und von den Befragten bewertet wurden. Außerdem war die Repräsentativität bei der partizipativen Analyse eingeschränkt und bezog sich teilweise auf andere Zeiträume.

seine Kritiker vor allem südlichen Ethnien entstammten. Unter seiner Herrschaft wurden erneut Hunderttausende Ugander gefoltert und ermordet. Die zweite Ablösung Obotes erfolgte 1985 durch einen Militärcoup. Die Lage verschlimmerte sich weiter, bis die National Resistance Army (NRA) im Januar 1986 unter Yoweri Museveni die Hauptstadt Kampala eroberte.[171]

Museveni versuchte in den ersten Jahren, ein Regierungsbündnis mit möglichst breiter Unterstützung der unterschiedlichen Ethnien, Religionen sowie politischen Gruppierungen zu bilden. Zugleich führte die neue Regierung gegen Rebellen des vorherigen Regimes einen Guerilla-Kampf, der bis heute im Norden und Westen des Landes anhält. Altparteien wurden nicht offiziell verboten. Ihre Aktivitäten wurden allerdings mit Verweis auf ihre schädigende Rolle in der Zeit vor 1986 unterbunden. Auf lokaler Ebene wurden die während des Widerstandes gegründeten Resistance Councils institutionalisiert und bestehen heute als Lokalräte fort. Die Mitglieder der Resistance Councils beziehungsweise der Lokalräte werden von der Bevölkerung gewählt. Die Mitglieder des 1989 geschaffenen, nationalen Parlaments, des National Resistance Council (NRC), wurden zunächst nicht in allgemeinen Wahlen bestimmt. Die Parlamentarier setzten sich aus Mitgliedern der Widerstandsräte und des engeren Führungskerns des National Resistance Movement (NRM) zusammen.[172] Wahlmännergremien der unterschiedlichen Ebenen des Systems der Resistance Councils wählten die Parlamentarier aus.[173]

1994 wurde eine Verfassungsgebende Versammlung gewählt, die vor allem über die Frage des Staatsaufbaus und des Parteinsystems zu entscheiden hatte. Die mit 17 Prozent größte Ethnie, die im südlichen Uganda lebenden Baganda,[174] konnte sich mit ihrer Forderung nach einem stark dezentralen System in der 1995 verabschiedeten Verfassung nicht durchsetzen.[175] In der Frage des Parteiensystems wurde entschieden, den Ansatz der *no party democracy* fortzuführen. In diesem System ist das aus dem NRM hervorgegangene Movement eine Sammelbewegung für alle Ugander. Sämtliche unterschiedlichen Meinungen und Interessen sollen dort ihren Platz finden und kommen in der Theorie über ein von der Dorfebene bis zum nationalen Parlament reichendes Rätesystem zum Ausgleich.[176] Die Verfassung legte fest, dass ein Jahr vor Ende der ersten Wahlperiode ein Referendum über die Wahl zwischen Parteienpluralismus und Movement

[171] Vgl. Freedom House (2003), Uganda.
[172] Vgl. Bertelsmann Stiftung (2004), Uganda, Kapitel 2.
[173] Vgl. Administration and Cost of Elections Project (2000), S. 1.
[174] Vgl. CIA (2003), Uganda.
[175] Vgl. Bertelsmann Stiftung (2004), Uganda, Kapitel 2.
[176] Vgl. Kopsieker (2003).

durchgeführt werden sollte.[177] 1996 fanden die ersten allgemeinen Parlaments- und Präsidentenwahlen auf der Grundlage dieser Verfassung statt. Die Souveränität Ugandas ist faktisch durch die hohe Abhängigkeit von externen Zuwendungen eingeschränkt. Der staatliche Haushalt wird circa zur Hälfte von externen Gebern finanziert und beläuft sich auf etwas über 20 Prozent des Bruttoinlandsprodukts.[178]

Zum Abschluss dieser kurzen Einführung soll noch auf die das gesellschaftliche Leben stark einschränkenden gewaltsamen Konflikte hingewiesen werden. Innerhalb Ugandas kommt es in der Karamoja-Region im Nordosten, im Norden, dem Siedlungsgebiet unter anderem der Ethnien der Acholi und Langi, und im Westen zu Kampfhandlungen. Während in der Karamoja-Region nomadische Krieger Überfälle begehen, schränken im Norden und Westen organisierte Gruppen die Staatsgewalt ein.[179] Die politischen Forderungen dieser Gruppen sind allerdings unklar.[180]

Die Lage in den Nachbarstaaten verschärft diese Situation zusätzlich. Flüchtlinge und sich zurückziehende Rebellen aus dem Sudan erschweren die Lage im Norden Ugandas. In den Krieg in der Demokratischen Republik Kongo griff Uganda zudem mit Ruanda auf der Seite der Rebellen aktiv ein. Obwohl Uganda und Ruanda auf Seiten der Rebellen standen, kämpften sie seit 1999 auch gegeneinander.[181] Auf der Grundlage der Vereinbarungen von Sun City und Pretoria im Jahr 2002 zog Uganda im Mai 2003 seine Truppen zurück. Allerdings wird Uganda vorgeworfen, weiterhin Rebellengruppen in der Demokratischen Republik Kongo zu unterstützen, um Zugang zu den dortigen Bodenschätzen zu haben.[182]

4.1.2. Bewertung der Kriterien für den Staat

(1) Politics: Zunächst sollen die partizipatorischen Minimalanforderungen einer *electoral democracy* untersucht werden. Diese wird für das aktuell bestehende Gesamtsystem als die potenziell und real größte Partizipationsmöglichkeit für die Mehrheit der Bevölkerung angesehen. Im Freedom House Index wird Uganda als *partly free* eingestuft. Auf einer Skala von der Bestnote 1 bis 7 erhält Uganda die Note 6 im Bereich

---

[177] Vgl. Republic of Uganda (1995), Kapitel 19, Artikel 271.
[178] Vgl. IWF/IDA (2002), S. 24.
[179] Vgl. Bertelsmann Stiftung (2004), Uganda, Kapitel 3.1.1.
[180] Vgl. Bertelsmann Stiftung (2004), Uganda, Kapitel 1.
[181] Vgl. The Economist: War, and rumours of war. October 17th 2002.
[182] Vgl. Mail&Guardian: Forces fighting for DRC gold named. December 5th 2003.

politischer Freiheiten und 4 im Bereich der zivilen Freiheiten.[183] Im Bertelsmann Transformation Index erhält Uganda für den politischen Bereich die Note 2,2 auf einer Skala von mindestens 0,8 bis zu maximal 5 Punkten.[184]

Auf nationaler Ebene können die Bürger bei Wahlen des Parlaments und des Präsidenten seit 1996 sowie in bestimmten Situationen in Referenden mitwirken. Bei den Präsidentenwahlen am 12. März 2001 waren 10,78 Millionen Ugander wahlberechtigt,[185] von denen 70 Prozent an der Wahl teilnahmen. Mit dem wie Museveni ebenfalls aus dem Westen stammenden Kizza Besigye, der eng mit Museveni in der NRA zusammen gekämpft hatte und Minister in einem früheren Kabinett Musevenis war, stand ein ernsthafter Gegenkandidat zur Wahl.[186] Allerdings hatte Museveni als Amtsinhaber deutliche Vorteile im Wahlkampf.[187] So konnte er sowohl auf die Ressourcen des Movement zurückgreifen, wenn auch nicht der Idee der Sammelbewegung entsprechend,[188] als auch auf das Militär, dem die Einschüchterung Oppositioneller vorgeworfen wurde.[189] Am Ende gewann Museveni mit 69 Prozent der Stimmen. Besigye erhielt 28 Prozent der Stimmen. Fälschungen zugunsten des Präsidenten dürften den Abstand vergrößert haben, jedoch hätte wohl auch ohne diese Maßnahmen der Rückhalt des Präsidenten für den Wahlsieg ausgereicht.[190] Unterstützung erhält Museveni vor allem durch die Armen und bei Frauen.[191] Im Abschlussbericht der internationalen Wahlbeobachtungsgruppe NEMGROUP wird die Unregelmäßigkeit auf weniger als zehn Prozent geschätzt.[192] Laut Polizeiangaben standen 324 Gewalttaten und vier Todesfälle in direktem Zusammenhang mit der Wahl.[193] Besigye klagte gegen das Wahlergebnis und akzeptierte das mit drei zu zwei Stimmen gegen ihn ausfallende Urteil des Obersten Gerichts.[194]

---

[183] Vgl. Freedom House (2003), Uganda.
[184] Vgl. Bertelsmann Stiftung (2004), Uganda.
[185] Zwei Tage vor der Wahl wurde die Zahl der Wahlberechtigten noch mit 11,6 Millionen Bürgern angegeben. Vgl. Knirsch/Hilberer (2001), S. 87.
[186] Vgl. The Economist: Will Museveni win yet again? March 1st 2001.
[187] Ein Indiz für die Professionalität des Wahlkampfs Musevenis ist die Kampagne „Vote for the hat". Aufgrund der hohen Analphabetenquote wird neben den Namen auch ein Photo des Kandidaten auf den Wahlzetteln abgedruckt. Museveni war der einzige Bewerber mit Hut auf dem Photo. Vgl. Knirsch/Hilberer (2001), S. 85.
[188] Vgl. Kopsieker (2003), S. 1.
[189] Vgl. The Economist: Tarnished Victory. March 15th 2003.
[190] Vgl. The Economist: Tarnished Victory. March 15th 2003.
[191] Vgl. The Economist: Will Museveni win yet again? March 1st 2001.
[192] Vgl. Knirsch/Hilberer (2001), S. 88.
[193] Vgl. Knirsch/Hilberer (2001), S. 86.
[194] Vgl. Knirsch/Hilberer (2001), S. 88.

Bei der Wahl zum Parlament am 26. Juni 2001 nahmen 55 Prozent der Wahlberechtigten teil.[195] Museveni konnte seine Kandidaten, aus relativierter Perspektive beurteilt, nicht sehr erfolgreich durchsetzen. Am besten gelang ihm dies bei den 78 für bestimmte Gruppen per Quote garantierten Plätzen, die durch Wahlmännergremien gewählt werden. Insgesamt gehören nach Angaben Musevenis 230 der 292 Abgeordneten dem Movement an. Die Anzahl oppositioneller Kräfte stieg somit gegenüber den Wahlen von 1996 von 14 auf 62 Abgeordnete an. 60 Mitglieder des Parlaments wurden nicht erneut gewählt, darunter 12 Angehörige der Regierung.[196] Auf der Ebene der Gebietskörperschaften wurde durch mehrstufige Wahlen Partizipation an lokalen Angelegenheiten durchgesetzt, die „offensichtlich dazu beigetragen hat, dass traditionelle Hierarchien und Herrschaftsstrukturen auf dem Lande zumindest ansatzweise aufgebrochen werden konnten.“[197]

Wenn die Wahlen auch jeweils unter deutlichen Einschränkungen litten, deutet die Wahl regimekritischer Kandidaten in das Parlament und die Mehrheit der Regimekritiker im Stadtrat der Hauptstadt Kampala darauf hin, dass mit Wahlen in Uganda nicht nur einem prozessualen Recht genüge getan wird, sondern auch eine Auswahl getroffen wird.[198] „Die Mehrheit der Wähler betrachtet den Wahlgang nicht länger als reinen Akt der Akklamation zugunsten der Machthaber; die Regierenden ihrerseits scheinen zu lernen, sich mit diesem kritischen Potenzial zu arrangieren.“[199] Neben der direkten Beteiligung der Bürger durch Wahlen und Referenden partizipieren 17.000 Ugander qua Funktion in einer „strategic decision-making position“[200].

Seit 1992 wird für den Budgetprozess ein zusätzliches Instrument der direkten Partizipation angewendet. Im Rahmen des Medium Term Expenditure Framework (MTEF) werden in einem konsultativen Prozess die Spendenprioritäten festgelegt und wird von der Regierung Rechenschaft über ihre Mittelverwendung abgelegt. Dieser Prozess wird von Weltbank und IWF inzwischen als sehr transparent und partizipativ eingestuft.[201] Die partizipative Gestaltung der 2001 initiierten Verfassungsreform gelang bis 2002 nicht. Die geplante regionale Ausweitung über die Hauptstadt hinaus konnte aufgrund finanzieller und

---

[195] Vgl. Auswärtiges Amt (2003), Innenpolitik, Regierung und Parlament.
[196] Vgl. Knirsch/Hilberer (2001), S. 89.
[197] Bertelsmann Stiftung (2004), Uganda, Kapitel 3.1.1.
[198] Dies schränkt die negative Einschätzung des BTI und insbesondere des FH Index' lediglich ein und stellt kein insgesamt positives Urteil über die Qualität der Ausprägung der *electoral democracy* dar.
[199] Knirsch/Hilberer (2001), S. 91.
[200] Republic of Uganda (2001), S. 20.
[201] Vgl. IWF/IDA (2000e), S. 3.

personeller Engpässe nicht durchgeführt werden.[202] Allerdings gab es im Frühjahr 2003 deutliche Fortschritte, so dass zu diesem Zeitpunkt in nahezu allen Distrikten Konsultationen stattgefunden hatten. Überdies wurden zur Verfassungsreform mehrere Treffen mit *stakeholders* in Kampala abgehalten.[203]

Die gesetzlich für jeden volljährigen Bürger verordnete respektive garantierte Mitgliedschaft im Movement ist bisher „ohne faktische Relevanz für die Mehrheit der Bürger"[204] geblieben. Der formalen Mitgliedschaft jedes Bürgers im Movement wird nicht durch Partizipation entsprochen. Das Movement entspricht zudem nicht dem Anspruch des *no party system*. Vor Wahlen identifiziert das Sekretariat des Movement genehme Kandidaten, die daraufhin finanziell und organisatorisch unterstützt werden. Außerdem gründete das Movement den ersten *caucus*, die erste Fraktion, im Parlament.[205] Die im Zusammenhang mit der Liberalisierung des Parteiensystems ab 2003 erfolgende Umwandlung des Movement zu einer Partei beschließt insofern lediglich offiziell die reale Ausprägung des Systems. Im Juni 2000 wurde das Movement-System dennoch in einem Referendum bestätigt. 91 Prozent stimmten für die Beibehaltung des Systems. Allerdings hatte die Opposition zum Boykott des Referendums aufgerufen und nur etwas über 50 Prozent der Wahlberechtigten nahmen teil.[206] Die internationalen Wahlbeobachter nannten das Referendum *flawed*.[207] Inzwischen wurde die gesetzliche Grundlage des Referendums in Form einer Verfassungsänderung durch das Oberste Gericht aufgehoben. Da mit diesem Gerichtsurteil vom 29. Januar 2004 nicht nur das Referendum selbst, sondern vermutlich auch die auf der Grundlage des Referendums stattgefundenen Wahlen sowie alle nach der Verfassungsänderung geschaffenen Institutionen ihre Rechtswirksamkeit eingebüßt haben, sind die Folgen noch nicht abschätzbar.[208]

Das Parlament hat sich in gewissen Grenzen Kontrollrechte gegenüber der Exekutive erkämpft.[209] Die Justiz ist formell unabhängig und hat dies auch bei politisch relevanten Fragen wie Wahlanfechtungsklagen und bei der Beurteilung der Verfassungsmäßigkeit von Gesetzen *de facto* bewiesen.

---

[202] Vgl. Republic of Uganda (2002), S. 48.
[203] Vgl. Republic of Uganda (2003), S. 48.
[204] Bertelsmann Stiftung (2004), Uganda, Kapitel 2.
[205] Vgl. Kopsieker (2003), S. 1.
[206] Vgl. CIA (2003), Uganda.
[207] Vgl. Knirsch/Hilberer (2001), S. 83.
[208] Vgl. Hilberer (2004).
[209] Vgl. The Economist: The shine fades on Museveni's Uganda. April 29th 1999.

An unkonventionellen Partizipationsformen sind zum einen, allerdings aufgrund der politisch unklaren Forderungen nur begrenzt, die Rebellenbewegungen und zum anderen friedliche Demonstrationen zu nennen. Am 28. Januar 2003 kam es beispielsweise zu einer Demonstration von bis zu 200.000 Baganda, die eine föderalere Verfassung und Autonomie für ihr Königreich einforderten. Der Protestmarsch war der größte in mehreren Jahren und verlief friedlich.[210]

Allerdings scheint trotz dieser formalen demokratischen Strukturen ein kleiner Führungszirkel innerhalb des Movement und des Militärs die tatsächliche Machtkontrolle im Lande auszuüben.[211] Die Führungsämter sind vor allem mit Personen aus dem Westen und Süden des Landes besetzt. Der Norden ist klar unterrepräsentiert.[212] Von den 17.000 Ugandern in politischen Entscheidungspositionen sind im Durchschnitt 39 Prozent Frauen, allerdings auf nationaler Ebene lediglich 14 Prozent.[213]

(2) Policy: Es gibt sicherlich politische Entscheidungen, die nicht dem Wunsch der Mehrheit, wenn überhaupt einem nennenswerten Anteil der Bevölkerung entsprechen.

> I am also going to carry people from Otuke in buses and lorries to come here, and I think people from Acholi, Teso and Kapchorwa should do the same because that is the only way out. You know, the nearer you are to Kampala, the better. For those of us who are suffering and we are far away from Kampala, people do not know about it, and diplomats do not hear about it. So, we are now also going to hire trucks, lorries and buses to bring people to Kampala.[214]

Diese mangelnde Berücksichtigung der Bürgerinteressen kann sich in weniger bedeutenden Entscheidungen zeigen, wie das abgelehnte Angebot des US-amerikanischen Präsidenten Clinton, Uganda 1000 Plätze bei der Green Card Verlosung einzuräumen.[215] In der Tragweite wesentlich beachtlicher ist, dass sich die Volksgruppen im Norden, vor allem Acholi und Langi, „aufgrund historischer Gegebenheiten (wirtschaftliche Vernachlässigung), repressiver Militäraktionen (im Zuge des Kampfes gegen die LRA) und fehlender politischer Repräsentanz weitgehend vom

---

[210] Vgl. The Economist: Give us freedom, and Kampala. February 6th 2003.

[211] Vgl Bertelsmann Stiftung (2004), Uganda, Kapitel 3.1.1.

[212] Vgl Bertelsmann Stiftung (2004), Uganda, Kapitel 3.1.2.

[213] Vgl. Republic of Uganda (2001), S. 20.

[214] Abgeordneter Omara Atubo in der Parlamentssitzung am 25. April 2003. Vgl. Plenarprotokoll online unter http://kob.parliament.go.ug/hansard/hans_view_date.jsp?-dateYYYY=2003&dateMM=04&dateDD=25 [6.03.2002].

[215] Die Begründung der Regierung bezog sich explizit auf die Angst, dass viele Ugander auf diese Weise flüchten und in den USA Asyl beantragen und dadurch das Ansehen der ugandischen Regierung beschädigen könnten. Vgl. http://www.government.go.ug/news/index.php?myId=900# [04.03.2004].

heutigen Zentralstaat ausgeschlossen"[216] fühlen. Diese Einschätzung wird durch den Auszug der Parlamentarier der Acholi, Langi und Teso am Ende des Jahres 2003 bestätigt. Der angegebene Grund für die Verweigerung der aktiven Teilnahme am parlamentarischen Betrieb war der erfolglose Kampf der ugandischen Armee gegen die Lord's Resistance Army (LRA). Die Armee habe nicht ausreichend das Leben und Eigentum der Bürger geschützt. Zudem wurde der Regierung eine mangelnde Trennung zwischen der LRA und deren – der Ethnie der Ancholi angehörenden – Führung sowie der Zivilbevölkerung vorgeworfen.[217]

Es fehlen Daten über die unterschiedlichen Interessen aus Meinungsumfragen oder Parteiprogrammen, die einem bestimmten Anteil der Bevölkerung zugerechnet werden könnten, um zu beurteilen, inwiefern diese Interessen im politischen Handeln berücksichtig werden. Für die regionale Ebene gibt es jedoch eine in ihren Ergebnissen von der Regierung anerkannte Studie, derzufolge die Entwicklungspläne der Distrikte nicht die Prioritäten der Menschen in den Gemeinden widerspiegeln. Dies wird auch für Sektorpläne eingestanden.[218] Außerdem gibt es Umfragen zur Verfassung. Darin sahen 2002 64 Prozent ihre Werte vertreten, nach 74 Prozent im Jahr 2000. Die regionalen Disparitäten sind groß. 99 Prozent Befürworter im Westen stehen 44 Prozent im Norden gegenüber. Dies stützt sicherlich die Einschätzung, dass die Interessen der Bevölkerungsgruppen im Norden Ugandas schlechter repräsentiert sind.[219] Auf der Makroebene kann inzwischen eine Zwei-Drittel-Mehrheit für ein Mehrparteinsystem festgestellt werden. Dies lässt allerdings nicht den Schluss zu, dass das Movement und Museveni ihre Unterstützung verloren hätten. Beide scheinen noch immer eine, wenn auch nicht absolute, Mehrheit der Bevölkerung hinter sich zu haben.[220]

(3) Polity: Die Verfassung Ugandas legt bereits in ihrer Präambel fest: „The State shall be based on democratic principles which empower and encourage the active participation of all citizens at all levels in their own governance".[221] Außerdem soll der Staat „be guided by the principle of decentralisation and devolution of governmental functions and powers to the people at appropriate levels where they can best manage and direct their own affairs".[222]

---

[216] Bertelsmann Stiftung (2004), Uganda, Kapitel 3.1.1.
[217] Vgl. die Nachrichten 323, 336, 345 und 364 unter http://www.parliament.go.ug/news.php [5.03.2004].
[218] Vgl. Republic of Uganda (2001), S. 19.
[219] Vgl. Republic of Uganda (2003), S. 48.
[220] Vgl. Hilberer (2002).
[221] Republic of Uganda (1995), Präambel.
[222] Republic of Uganda (1995), Präambel.

Alle Bürger haben das gleiche Staatsbürgerrecht. Das aktive Wahlrecht ist allgemein gegeben. Das passive Wahlrecht wird durch die Bildungsanforderung des Abschlusses an einer weiterführenden Schule eingeschränkt.[223] Die Wahlen finden in Form kompetitiver Personenwahlen statt. Die Kandidaten dürfen nicht für eine Partei antreten, wenn auch ihre Parteibindung meist bekannt ist.[224] Partizipation gesellschaftlicher Gruppen findet vor allem auf Einladung und nicht institutionalisiert statt.[225] Zudem ist jeder volljährige Bürger seit 1997 per Gesetz Mitglied im Movement.[226]

Freiheitsrechte sind in Kapitel 4 der Verfassung garantiert. Lediglich die Vereinigungsfreiheit ist durch das *de facto* bestehende Parteienverbot rechtlich eingeschränkt. Zwar wird in Artikel 72 das Recht auf Parteigründung garantiert, dieses jedoch durch die Artikel 269 und 270 eingeschränkt. Es dürfen lediglich die bereits bestehenden Parteien fortbestehen und diese auch keine öffentlichen Veranstaltungen abhalten, Regionalbüros eröffnen oder Wahlkampf für oder gegen einen Kandidaten führen. 2002 wurden mit der Political Organization Bill die Rechte politischer Partien weiter beschränkt. Allerdings eröffnete Museveni in den ersten Monaten des Jahres 2003 „überraschend Perspektiven für eine konditionierte Rückkehr zu einem Mehrparteiensystem".[227] Zudem hat das Oberste Gericht im Frühjahr 2003 wichtige Passagen des Parteiengesetzes für ungültig erklärt.[228]

Die Suppression of Terrorism Bill „has raised fears that it could be used against political opponents".[229] In der Verfassungsrealität sind Einschränkungen auch gegenüber den anderen verbrieften Rechten alltäglich. Besonders deutlich wurde dies durch das Eingreifen des Militärs im Wahlkampf 2001, das auf die Bürger klar als Versuch der Einschüchterung Oppositioneller wirkte. Darüber hinaus kommt es regelmäßig zu Menschenrechtsverletzungen durch Armee, Rebellenbewegungen oder im Zuge der Kämpfe zwischen Rebellen und Armee. Jedoch können Verletzungen der Menschenrechte teilweise erfolgreich eingeklagt werden[230] und sind Bestandteil der politischen Debatte. Das Parlament setzte am 20. Februar 2002 einen

---

[223] Vgl. Republic of Uganda (1995), Kapitel 6, Artikel 80.
[224] Vgl Bertelsmann Stiftung (2004), Uganda, Kapitel 3.1.1.
[225] Vgl. Republic of Uganda (2003), S. 75.
[226] Vgl. Bertelsmann Stiftung (2004), Uganda, Kapitel 2.
[227] Bertelsmann Stiftung (2004), Uganda, Kapitel 1.
[228] Vgl. Kopsieker (2003).
[229] Freedom House (2003), Uganda, Overview.
[230] Zum Beispiel wurde am 3. März 2004 die Regierung zur Zahlung von circa 12.000 Euro an einen Einzelkläger aufgrund einer Menschenrechtsverletzung verurteilt. Vgl. http://www.monitor.co.ug/news/news030510.php [05.03.20004].

Untersuchungsausschuss zu den Menschenrechtsverletzungen während der Wahlen 2001 ein. Der Abschlussbericht wurde am 10. September 2002 dem Parlament vorgestellt.[231] Die Debatte und ein Votum wurden am 2. Dezember 2002 verschoben und nicht wieder aufgenommen, da die Befürchtung geäußert wurde, dass durch den Bericht in laufende Gerichtsprozesse eingegriffen werden könnte.[232] Neben der Möglichkeit, vor Gericht zu klagen, wird in Artikel 51 der Verfassung die Uganda Human Rights Commission eingerichtet. Die in den weiteren Artikeln festgelegten Funktionen (Artikel 52), die Machtfülle (53) und Unabhängigkeit (54 sowie 55) sind weitreichend. In der Realität spielt die Kommission „eine aktive und positive Rolle".[233]

Laut Verfassung wird durch Artikel 41 jedem Bürger das Recht auf Information garantiert. Zu Beginn des Jahres 2004 wird noch an einem parlamentarischen Gesetz gearbeitet, das die Umsetzung dieses Rechtes regeln soll.[234] Im Local Government Act wurden 1997 bereits Maßnahmen zur Erhöhung der Rechenschaftspflicht und der verbesserten Budgetinformation festgelegt.[235] Zudem ist in der Präambel der Verfassung die Rechenschaftspflicht für alle Personen in politischen und öffentlichen Ämtern gegenüber dem Volk festgeschrieben. In seiner realen Auswirkung wird dieses Recht bereits durch die alleinige Amtssprache Englisch eingeschränkt. Im Corruption Perceptions Index 2003 nimmt Uganda den 113. Platz von 133 bewerteten Ländern ein.[236]

Mit Anzeigen und Interviews wird über Regierungsprogramme sowie über bestimmte Fragen wie HIV/AIDS oder Familienplanung informiert.[237] Außerdem haben viele Ministerien und öffentlichen Institutionen Webseiten erstellt.[238] Bei der Vorbereitung der Verfassungsreform seit 2001 hat die zuständige Kommission versucht, durch Massenmedien in den lokalen Sprachen die Aufmerksamkeit für dieses Thema zu erhöhen.[239] Im Haushaltbereich gibt es ebenfalls Versuche, die Transparenz zu erhöhen. Das Budget Framework Paper wird jedes Jahr in gekürzter Version als Background to the Budget veröffentlicht. Darin ist auch der Medium Term Expenditure Framework enthalten, der jeweils für die folgenden drei Jahre

---

[231]   Vgl.   http://kob.parliament.go.ug/hansard/hans_view_date.jsp?dateYYYY=2002-&dateMM=09&dateDD=10 [06.03.2004].

[232]   Vgl.   http://kob.parliament.go.ug/hansard/hans_view_date.jsp?dateYYYY=2002-&dateMM=12&dateDD=02 [06.03.2004].

[233] Auswärtiges Amt (2003), Innenpolitik, Menschenrechte.

[234] Vgl. http://www.parliament.go.ug/details.php?newsId=352 [06.03.2004].

[235] Vgl. Ablo/Reinikka (1998), S. 33.

[236] Vgl. Transparency International (2003).

[237] Vgl. Republic of Uganda (2003), S. 96.

[238] Unter http://www.government.go.ug/ sind viele der Institutionen zugänglich.

[239] Vgl. Republic of Uganda (2002), S. 48.

die Prioritäten und die Kapazitäten beziehungsweise Einschränkungen des Budgets darstellt. Daran sollen sich die Budgetplanungen ausrichten.[240] 2001 wurde The Citizens Guide to the Budget Process von der Regierung für ein breiteres Publikum herausgegeben. Für versiertere Nutzer wurde die Version Budget at a Glance erstellt.[241] Informationen über die an Schulen vergebenen finanziellen Mittel werden an die Medien, insbesondere landesweite Zeitungen, zur Publikation weitergegeben und an relevanten Institutionen ausgehängt.[242] Dieses Vorgehen wurde auch für andere Sektoren eingeführt, hat aber bisher neben dem Schulbereich lediglich im Gesundheitsbereich positive Wirkung entfalten können.[243]

Die dezentrale Struktur des Staates ist in der Verfassung im Kapitel 11 und im Local Governments Act von 1997 geregelt. Insgesamt gibt es fünf Verwaltungsebenen unterhalb der nationalen Ebene, die von dem Gemeinderat auf der untersten Ebene bis zum Distriktrat auf höchster Ebene reichen. Die Parlamente haben aber nur auf zwei dieser Ebenen legislative Funktionen. Für die beiden unteren Ebenen findet die Wahl offen statt. Die Distrikte haben das Recht, Regierungshandeln und nichtstaatliche Entwicklungsaktivitäten in ihrem Distrikt zu überwachen.[244] Die Distrikte haben die Verantwortung für die Bereiche Bildung, Gesundheit, Wasser und Landwirtschaft erhalten. Die Mittelausstattung wurde im Zuge der Dezentralisierung von neun Prozent im Fiskaljahr 1994/1995 auf 20 Prozent 1998/1999 gesteigert.[245] Die Dezentralisierung hat bis jetzt allerdings noch nicht zu einer effizienteren Verwaltung geführt. Die Finanzausstattung und die Fähigkeiten der Regierungsbeamten stellen die größten Hindernisse dar.[246] Das Ende 2001 gegründete Local Government Development Programme (LGDP) konnte bis 2003 erste Erfolge in diesen Bereichen erzielen.[247]

In Artikel 32 der Verfassung ist festgelegt, dass „the State shall take affirmative action in favour of groups marginalised on the basis of gender, age, disability or any other reason created by history, tradition or custom, for the purpose of redressing imbalances which exist against them".[248] Sowohl im nationalen als auch in den regionalen Parlamenten gibt es für bestimmte Interessengruppen feste Sitze.[249] Für das nationale Parlament

---

[240] Vgl. Republic of Uganda (2000), S. 5f.
[241] Vgl. Republic of Uganda (2003), S. 95.
[242] Vgl. Republic of Uganda (2001), S. 19.
[243] Vgl. Republic of Uganda (2003), S. 95 und Weltbank (2002e), S. 79f.
[244] Vgl. Commonwealth Local Government Forum (2000).
[245] Vgl. IWF/IDA (2000e), S. 17.
[246] Vgl. Republic of Uganda (2002), S. 35ff.
[247] Vgl. Republic of Uganda (2003), S. 78ff.
[248] Republic of Uganda (1995), Kapitel 3, Artikel 32.
[249] Vgl. Republic of Uganda (1995), Kapitel 6, Artikel 78, Absatz 1.

schreibt die Verfassung die Quote einer Frau je Distrikt vor. Zum Zeitpunkt der Wahl 2001 wurden somit 53 Parlamentssitze außerhalb der Wahl an Frauen vergeben. Weitere Ausführungsbestimmungen ordneten die Auswahl von fünf Jugendvertretern aus den Regionen, fünf Arbeitnehmervertretern, fünf Repräsentanten von Menschen mit Behinderungen und zehn Armeevertretern durch Wahlmännerausschüsse an.[250] Um eine höhere Mobilisierung der Bevölkerung zu erreichen wurde zudem begonnen, eine Community Mobilisation Strategy zu entwerfen. Erste Versuche dieser Mobilisierung sind bisher erfolglos verlaufen.[251]

(4) Erkenntnis: In der Verfassung wird jeder Person ein Recht auf Bildung eingeräumt.[252] Im Rahmen des Präsidentschaftswahlkampfs konzentrierte sich Präsident Museveni auf das Thema Bildung. Im Januar 1997 wurde das Programm der Universal Primary Education (UPE) begonnen und das Schulgeld an Primärschulen für vier Kinder je Familie erlassen.[253] Innerhalb kurzer Zeit erhöhten sich die Schülerzahlen in Grundschulen von 2,9 Millionen auf 5,2 Millionen im Jahr 1997.[254] Damit hat sich die Problematik vermehrt von Quantität auf Qualität verlagert.[255] Die öffentlichen Ausgaben für Bildung im Vergleich zum Bruttoinlandsprodukt wurden von 1,5 Prozent im Jahr 1990 auf 2,3 Prozent in den Jahren 1998-2000 gesteigert.[256] Die *net enrollment ratio*, die das Ausmaß der Einschulung im Vergleich zur Alterskohorte angibt, lag für Grundschulen in Uganda im Jahr 2000 bei 109 Prozent. Dieser Wert ist möglich, wenn ältere oder jüngere Kinder die Schulstufe einer anderen Alterskohorte besuchen. Dies weist darauf hin, dass das initiierte Bildungsprogramm eine sehr positive Wirkung zeigt. Die *net enrollment ratio* für Sekundärschulen lag hingegen lediglich bei 12 Prozent. Die Alphabetisierungsquote der Erwachsenen hat zwischen 1990 und 2001 um 12 Prozentpunkte von 56 auf 68 Prozent zugenommen. Die Alphabetisierung Jugendlicher wurde im gleichen Zeitraum von 70 auf 79 Prozent gesteigert.[257] Die Forschungsausgaben liegen bei 0,8 Prozent des BIP. Auf eine Million Ugander kommen lediglich 24 Forscher und Ingenieure. Das entspricht

---

[250] Vgl. Knirsch/Hilberer (2001), S. 89.
[251] Vgl. Republic of Uganda (2003), S. 98f.
[252] Vgl. Republic of Uganda (1995), Kapitel 4, Artikel 30.
[253] Vgl. Ministry of Finance, Planning and Economic Development Government of Uganda (2000), Kapitel 3.
[254] Vgl. Weltbank (1997), S. 13.
[255] Vgl. Republic of Uganda (2001), S. 44.
[256] Vgl. UNDP (2003), S. 268.
[257] Vgl. UNDP (2003), S. 272. Es gibt stark abweichende Daten bei der *net enrollment ratio* an Grundschulen. Die Angaben liegen zwischen 145 Prozent (Vgl. Republic of Uganda (2000), S. 46) und 76 Prozent (Vgl. Republic of Uganda (2001), S. 43).

einem Hundertstel der Quote der Länder mit einem hohen Wert im Human Development Index.[258]

Ein Adult Literacy Program wurde gegründet, um die hohe Analphabetenrate unter Erwachsenen zu senken. Dieses Programm wurde im Rahmen des PRSP bis zum Jahr 2001 auf das ganze Land ausgeweitet und finanziell besser ausgestattet.[259]

Allerdings ist nicht nur die formale Bildung relativ schwach. Dies gilt insbesondere für das Kriterium der politischen Bildung. „[I]t seems that meaningful dialogue is seriously constrained by lack of civic education among the populace on civil, political and socio-economic rights and choices."[260] Die Menschenrechtskommission ist mit der Aufklärung über bürgerliche Rechte und Freiheiten beauftragt. Die Wahlkommission und NROs haben versucht, politische Bildung mit Schauspielen und Liedern im Fernsehen und Radio zu verbreiten. Außerdem hat die Kommission in Zeitungsanzeigen und im Radio über politische Rechte hinsichtlich der Wahlen informiert.[261]

Das Statistikamt in Uganda erhebt zeitnah Daten für die wichtigsten sozioökonomischen Indikatoren. Das Statistikamt ist im Internet erreichbar und bietet dort viele der erhobenen Daten an.[262] Diese werden teilweise graphisch aufbereitet und als Rohmaterial zur weiteren Bearbeitung nach eigenen Bedürfnissen angeboten. Allerdings sind die Daten nur auf Englisch zu erhalten und die Preise für Publikationen erscheinen hoch.[263] Neben dem Statistikamt ist im Finanzministerium der Uganda Participatory Poverty Assessment Process (UPPAP) angesiedelt. In Zusammenarbeit mit Forschungsinstituten und NROs werden durch UPPAP qualitative Daten erhoben.[264] Die Qualität der Daten scheint sich von einem niedrigen Ausgangsniveau seit dem Beginn des PRS-Prozesses deutlich zu steigern.[265]

(5) Öffentlichkeit: Die Möglichkeiten zur direkten Kommunikation haben sich in den letzten Jahren auf niedrigem Niveau verbessert. Die Versorgungsrate mit zwei Telefonanschlüssen im Festnetz je 1000

---

[258] Vgl. UNDP (2003), S. 276f.
[259] Vgl. Republic of Uganda (2001), S. 46.
[260] Republic of Uganda (2002), S. 48.
[261] Vgl. Administration and Cost of Elections Project (2000).
[262] Uganda Bureau of Statistics online unter http://www.ubos.org/
[263] Die Preise liegen zwischen 1.500 und 17.000 Ugandischen Shilling und bei den meisten Publikationen um 5.000 Shilling. Bei einem Pro-Kopf-Einkommen von circa 420.000 Shilling (2002/2003) bedeutet dies Kosten in Höhe von circa einem Prozent je Publikation.
[264] Online unter: http://www.uppap.or.ug/
[265] Vgl. Weltbank (2000), S. 4ff.

Einwohnern blieb bei insgesamt 50.000 Anschlüssen in den letzten Jahren gleich. Auf der anderen Seite sind die Mobilfunkteilnehmer allein zwischen 1998 und 2001 von 9.000 auf 300.000 und damit zwölf Teilnehmer je 1000 Einwohner angestiegen. Das Internet wird inzwischen von circa 60.000 Menschen genutzt, die von zwei Service Providern bedient werden.[266] Internetzugänge sind in städtischen Gebieten unreguliert vorhanden. Jedoch schränken die Kosten die Nutzung deutlich ein.[267] Das Radio ist das meistgenutzte Medium. Von 1000 Einwohnern besaßen gegen Mitte der 90er Jahre 128 ein Radio (12,8 Prozent) und 26 (2,6 Prozent) einen Fernseher. Mit zwei Zeitungen je 1000 Einwohner lag die Versorgungsrate bei 0,2 Prozent der Bevölkerung.[268]

Seit einer deutlichen Verbesserung 1995 bewertet der Press Freedom Survey von Freedom House Uganda kontinuierlich als *partly free*.[269] Während die Regierung 1998 noch den größten Radio- und den größten Fernsehkanal sowie die auflagenstärkste Zeitung betrieb und kontrollierte,[270] gilt dies außer für den Radiokanal inzwischen nur noch für die ländlichen Gebiete.[271] 1998 wurden erst zwei Radiostationen und ein Fernsehkanal privat betrieben.[272] Inzwischen sind es mehrere Dutzend Radiokanäle und mehrere Fernsehkanäle.[273] Allerdings ist der einzige terrestrische Fernsehkanal ohne Gebühr das staatliche Fernsehen. Das Angebot an privaten Printmedien liegt bei zwei Dutzend täglichen und wöchentlichen Zeitungen und ist in dieser Höhe stabil.[274] Viele Medien sind zudem im Internet vertreten, und Satellitenempfang erweitert das Angebot an Rundfunkprogrammen zusätzlich.[275] Gelegentlich kommt es zu Durchsuchungen, Verhaftungen und Übergriffen gegenüber kritischen Journalisten.[276] Außerdem schränken einige Gesetze die Pressefreiheit ein, zuletzt im Rahmen des Anti-Terrorism Act im Jahr 2002.[277] Ein wichtiger Sieg der Pressefreiheit konnte hingegen am 11. Februar 2004 errungen

---

[266] Vgl. CIA (2003), Uganda.

[267] Vgl. Freedom House (2001), S. 37.

[268] Über die Nutzerzahl liegen keine Angaben vor. Für Zeitung und Fernsehgeräte ist das Bezugsjahr 1996 und für Radiogeräte 1997. Vgl. The World Guide 2001/2002 (2001), Uganda.

[269] Vgl. online unter http://www.freedomhouse.org/research/ratings.XLS [11.03.2003].

[270] Vgl. Freedom House (1999), S. 33.

[271] Vgl. Freedom House (2002), S. 49.

[272] Vgl. Freedom House (1999), S. 33.

[273] Eine Auflistung der verschiedenen Sender und deren teilweise vorhandenen Internetseiten mit online Übertragungen ist online unter http://www.tvradioworld.com/region3/uga/default.asp abzurufen.

[274] Vgl. Freedom House (1999), S. 33 und Freedom House (2003), S. 149.

[275] Für Zeitungen bietet sich ein guter Einstieg über http://www.africaonline.com/cgi-bin/odp/index.cgi?/Regional/Africa/Uganda/News_and_Media/ und für Rundfunkstationen über http://www.tvradioworld.com/region3/uga/default.asp

[276] Vgl. Freedom House (1999), S. 33.

[277] Vgl. Freedom House (2002), S. 49.

werden, als das Oberste Gericht den Straftatbestand der Publikation falscher Nachrichten als unvereinbar mit der verfassungsmäßig garantierten Meinungs- und Pressefreiheit aufhob.[278] Noch im Oktober 2002 wurde die größte private Zeitung The Monitor nach einem Bericht über den Abschuss eines Militärhubschraubers durch die LRA für einige Tage geschlossen, der verantwortliche Journalist verhaftet und unter anderem gemäß diesem Gesetzespassus angeklagt.[279] Im Mai 2000 wurden vergleichsweise hohe jährliche Registrierungsgebühren für Radiostationen von über 3000 US-Dollar eingeführt.[280] Der Fernsehmarkt sieht sich ähnlichen Lizenzierungsgebühren ausgesetzt, die den ökonomischen Druck erhöhen.[281] Dementsprechend wurde die Einführung der Gebühren für Radiostationen von Journalisten auch als Angriff auf die Existenz unabhängiger Sender gewertet.[282] Englisch dominiert als Sprache den Zeitungsmarkt. Bei einigen Publikationen und vor allem im Radio gibt es aber auch Programme in lokalen Sprachen.[283]

Die privaten Medien verbreiten teilweise sehr regierungskritische Inhalte, während die staatlich betriebenen Medien der Regierung positiv gegenüber stehen.[284] Die Medien spielten eine große Rolle bei der Verbreitung von Informationen über den Wahlprozess. Allerdings haben sie oft nicht über Unregelmäßigkeiten bei Wahlen berichtet und dies als Aufgabe der Wahlkommission angesehen.[285] Die Berichterstattung über die an die Schulen vergebenen Mittel hat zu deutlich weniger Unterschlagung und mehr vorhandenen Mitteln für die Schulen geführt.[286]

(6) Intermediäre Organisationen: Verbände und Interessengruppen der Unternehmer und der Arbeiter existieren ebenso wie Genossenschaften und Handelskammern. Sie sind oft eng mit dem Movement verbunden und verfügen über wenige Durchsetzungsmöglichkeiten. Zivilgesellschaftliche Organisationen hingegen sind bei starken regionalen Unterschieden relativ gut entwickelt und verfügen über traditionelle Anknüpfungspunkte.[287] „Das Verhältnis von Regierung und NROs ist ambivalent, schwankt zwischen Unterstützung für Entwicklungsaufgaben und Kontrolle wegen eventuell vermuteter kritischer Zielsetzungen."[288] Um die Fähigkeiten des

---

[278] Vgl. The Monitor: Supreme Court strikes out law on false news. 12. Februar 2004.
[279] Vgl. Amnesty International Deutschland (2003).
[280] Vgl. Freedom House (2001), S. 37.
[281] Vgl. Freedom House (2003b), S. 149.
[282] Vgl. Freedom House (2001), S. 37.
[283] Vgl. CIA (2003), Uganda.
[284] Vgl. Freedom House (2002), S. 49.
[285] Vgl. Administration and Cost of Elections Project (2000).
[286] Vgl. Booth/Lucas (2001), S. 10f.
[287] Vgl. Bertelsmann Stiftung (2004), Uganda, Kapitel 3.2.2.
[288] Bertelsmann Stiftung (2004), Uganda, Kapitel 3.2.2.

zivilgesellschaftlichen Sektors zu stärken, haben NROs die Weltbank gebeten, über das World Bank Institute *capacity building* anzubieten.[289]

Insgesamt gibt es rund 1500 NROs.[290] Im NGO-Forum sind mit 600 NROs die meisten aktiven zusammengefasst.[291] Aus dem Ausland erhalten NROs jährlich circa 100 Milliarden Uganda Shillings (50 Millionen US-Dollar), die bei staatlichen Stellen gemeldet werden müssen. Die NROs sind allgemein stark auf Zuwendungen angewiesen, haben nur begrenzt die nötigen Informationen und Schwächen bei der Analyse.[292] NROs werden weniger aus Eigeninitiative aktiv, sondern auf Einladung. Ohnehin sind wenige einheimische NROs, im Gegensatz zu Ablegern internationaler NROs, im *advocacy*-Bereich tätig.[293] Im Jahr 2001 wurde mit dem NGO Registration (Amendment) Bill das Gesetz von 1989 erneuert. Das neue Gesetz wurde von vielen NROs als zu restriktiv angesehen, obwohl es aufgrund der Eingaben aus dem NRO-Sektor bereits während den Beratungen abgeändert wurde.[294] Im Jahr 2003 hielt die Diskussion an, ohne dass neue Ergebnisse erzielt wurden.[295]

4.1.3. Der PRS-Prozess

Bereits in der Präambel der Verfassung Ugandas ist festgelegt, dass „[t]he State shall take all necessary steps to involve the people in the formulation and implementation of development plans and programmes which affect them".[296] Viele Einschätzungen zu Ugandas PEAP lassen eine positive Bewertung der Einhaltung dieses Verfassungsauftrags zu. „[T]he participatory process has been higher quality, more sustained, much more country-owned, higher-profile and influential than in any other country"[297]. Auch die Weltbank zeigt sich beeindruckt von dem Prozess. „Indeed, its experience has inspired the design of the enhanced HIPC initiative and the PRSP approach."[298] 1995 wurden bei einem Treffen der Consultative Group mit der Weltbank und einer Konferenz auf nationaler Ebene das Poverty Update der IDA diskutiert. Daraufhin setzte die Regierung eine Arbeitsgruppe aus Regierungsbeamten, Gebern, NROs und IDA zur

---

[289] Vgl. Weltbank (2001b), S. 90.
[290] Eine Auflistung ist online unter http://www.uganda.co.ug/ngo/ einsehbar. Es ist die Möglichkeit vorhanden, die NROs nach Themenfeld oder Region sortiert anzeigen zu lassen.
[291] Vgl. Weltbank (1997), S. 50.
[292] Vgl. Brock/McGee/Ssewakiryanga (2002), S. 15.
[293] Vgl. Brock/McGee/Ssewakiryanga (2002), S. 17.
[294] Vgl. Republic of Uganda (2002), S. 50.
[295] Vgl. Republic of Uganda (2003), S. 77.
[296] Republic of Uganda (1995), Präambel.
[297] McGee/Norton (2000), Annex 3.9, S. 40.
[298] Weltbank (2000), S. 1.

Bekämpfung der Armut ein.[299] Nach externen Konsultationen wurde im Juni 1997 der erste PEAP, der Vorläufer des ugandischen PRSP, fertig gestellt. Das Hauptziel des Plans ist die Verminderung der Armut bis 2017 auf unter zehn Prozent. Außerdem soll die allgemeine Schulbildung erreicht, gesundheitliche Primärversorgung sichergestellt und sicheres Trinkwasser gewährleistet werden. An weiteren Zielen werden die Garantie politischer Freiheit und der Menschenrechte sowie ein effektives System zum Katastrophenschutz genannt.[300] Dies soll mit Maßnahmen in vier Bereichen, den vier *pillars* des PRSP, erreicht werden: (1) Rahmensetzung für wirtschaftliches Wachstum, (2) Good Governance, (3) Verbesserung der Fähigkeiten der Armen für eine Erhöhung ihrer Einkommen und (4) Verbesserung der Lebensbedingungen der Armen.[301]

Alle zwei Jahre soll in einem Poverty Status Report (PSR) die Implementierung des PEAP überprüft werden. Dies geschah 1999 erstmals. Der PEAP wurde im Jahr 2000 auf der Grundlage des PSR, neuer qualitativer Daten sowie den langfristigen Zielen der Vision 2025 überarbeitet.[302] Die Regierung Ugandas reichte eine gekürzte Fassung dieses Papiers bei der Weltbank 2000 als erstes vollständiges PRSP ein. Im Mai 2000 erreichte Uganda den *completion point* der erweiterten HIPC-Initiative.[303] Die für 2003 geplante Überarbeitung des PRSP wurde auf 2004 verschoben.[304]

4.1.4. Messung der Kriterien für den PRS-Prozess

(1) Politics: Der Prozess der Erstellung des PEAP begann mit einer zweitägigen Konferenz im November 1995. Die Teilnehmer der Konferenz vertraten verschiedene Bevölkerungs- und Interessengruppen.[305] Die Einladung erfolgte bereits drei Monate vor der Konferenz und die zivilgesellschaftlichen Organisationen nutzten diese Zeit, um ein „critical

---

[299] Vgl. Weltbank (2001), S. 10.
[300] Vgl. IWF/IDA (2000), S.11.
[301] Vgl. Republic of Uganda (2000), S. 3.
[302] Vgl. Republic of Uganda (2000), S. 3.
[303] Vgl. IWF/IDA (2000b) und die Pressemitteilung zur Entscheidung der Exekutivdirektorien von Weltbank und IWF online unter http://www.imf.org/external/np/sec/pr/2000/PR0034.htm [28.03.2004].
[304] Im Internet hat das Finanzministerium eine Seite mit Informationen zur Überarbeitung erstellt. Dort ist seit Ende März ein erster Entwurf des neuen PRSP eingestellt, der allerdings aufgrund einer Dateibeschädigung nicht lesbar ist. Vgl. http://www.finance.go.ug/peap_revision/ [29.03.2004].
[305] Vgl. Weltbank (Technote2). Neben Regierungsbeamten und Gebern nahmen Parlamentarier, Vertreter zivilgesellschaftlicher Organisationen und des Privatsektors, Forscher, Medienvertreter und normale Bürger teil. Eine genauere Aufstellung für die Beurteilung der Repräsentativität ist allerdings nicht vorhanden.

but constructive paper"[306] vorzubereiten. Das Planungs- und Entwicklungsministerium war für die Erstellung des PEAP zuständig. Das Ministerium ist inzwischen mitsamt dieser Funktion im Finanzministerium aufgegangen. Ende 1995 gründete das Planungs- und Entwicklungsministerium eine National Task Force on Poverty Eradication, um die Prioritäten des PEAP festzulegen. Die Mitglieder setzten sich aus zivilgesellschaftlichen Organisationen, Ministerien und Gebern zusammen. Mehrere thematische Arbeitsgruppen wurden von der Task Force gegründet. In Seminaren und Treffen wurden Teile der einzelnen Sektorpläne diskutiert. „In these meetings, Government was often hard-pressed to defend its policies."[307] Parlamentarier wurden eingeladen, ebenfalls am Prozess teilzunehmen. Ein fünfköpfiges Expertenteam organisierte den Partizipationsprozess und schrieb einen ersten Entwurf für den PEAP.[308] Mit Billigung der Regierung unterstützte die aus Mitgliedern der Zivilgesellschaft bestehende Civil Society Task Force (CSO TF) die Koordinierung der Partizipation.[309] Die vorläufigen Dokumente wurden in regionalen und nationalen Workshops diskutiert. Allerdings kam es nur zu zwei direkten Konsultationen mit armen Bürgern.[310] Der Partizipationsprozess zur Erstellung des ersten PEAP bezog sich vor allem auf zivilgesellschaftliche Organisationen. Im Rahmen des UPPAP wurden in neun Distrikten Pilotstudien durchgeführt, um qualitative Daten über Armut zu erhalten.[311] Die Erstellung der späteren Versionen des PEAP wurde durch ein weiteres Beratergremium übernommen.[312]

Bei der Erarbeitung des PRSP kam es aufgrund der positiven Erfahrungen mit den Ergebnissen der Partizipation[313] und der Auflagen der HIPC-Initiative zu direkten Konsultationen mit Bürgern.[314] Insgesamt haben circa 1000 Ugander und 60 zivilgesellschaftliche Organisationen im Prozess partizipiert.[315] Der Prozess der Erstellung des PRSP, der Revision des PEAP, dauerte von Dezember 1999 bis März 2000.[316] Dieser kurze

---

[306] Weltbank (Technote2).
[307] Ministry of Finance, Planning and Economic Development Government of Uganda (2000), S. 3.
[308] Vgl. Ministry of Finance, Planning and Economic Development Government of Uganda (2000), S. 3.
[309] Vgl. McGee/Norton (2000), Annex 3.9, S. 40.
[310] Vgl. Ministry of Finance, Planning and Economic Development Government of Uganda (2000), S. 3.
[311] Vgl. Ministry of Finance, Planning and Economic Development Government of Uganda (2000), S. 4.
[312] Vgl. Weltbank (Technote2).
[313] Vgl. Weltbank (2000), S. 3.
[314] Vgl. Krafchik (ohne Jahr), S. 10.
[315] Vgl. Panos Institute (2002), S. 23.
[316] Vgl. IWF/IDA (2000e), S. 1.

Zeitraum für die Erstellung des Papiers wird vor allem auf den Druck der IFIs zurückgeführt.[317] Die Verschiebung der Fertigstellung des zweiten PEAP um ein Jahr bis zum Sommer 2004 dokumentiert, dass dieser Zeitraum zu kurz bemessen war. Bei der Erstellung des PRSP wurden zwei nationale Workshops im Februar und – nach der Einreichung bei Weltbank und IWF Ende März 2000 –im April 2000 abgehalten, um vorläufige Versionen des PEAP zu kommentieren und *policy*-Vorschläge zu unterbreiten.[318] Die Repräsentativität erscheint hoch.[319] Es nahmen Mitglieder der Regierung, Politiker, Geber, NROs, Vertreter lokaler und regionaler Regierungen, des Privatsektors und der Medien teil. Darüber hinaus sollten auch die bestehenden Partizipationsforen beispielsweise zum Budget für die weitere Diskussion genutzt werden.[320] Im Februar 2000 wurde speziell für Vertreter des Parlaments eine Konsultationsrunde angeboten, an der nur fünf Parlamentarier teilnahmen. Dies wird von den Parlamentariern mit einer Einladung „at the last minute"[321] erklärt. Außerdem wurden bis zur Erstellung des PRSP erste Anstrengungen unternommen, Information über das PRSP auf die Regionen auszuweiten.[322]

Der erste Progress Report, eine gekürzte Version des Regierungsdokuments Background to the Budget, wurde im März 2001 erstellt. Im Februar gab es zu diesem Bericht einen halbtägigen Workshop mit, der Funktion nach, ähnlichen Teilnehmern wie bei den Workshops für das PRSP. Zuvor wurde ein zweitägiger Workshop mit Beteiligung der Zivilgesellschaft durch das Statistikamt durchgeführt. Dabei wurden die Daten der neuen Haushaltsstudie vorgestellt.[323]

Der zweite Progress Report, der zusammenfiel mit dem alle zwei Jahre für die Überwachung der Implementation des PEAP zu erstellenden PSR und eine gekürzte Version dieses Berichts darstellt, wurde im März 2002 fertig gestellt. Für jede der vier Säulen wurde eine Arbeitsgruppe für die Erstellung gebildet, die jeweils die „key stakeholders"[324] umfasste. Zudem wurde der Bericht im Rahmen der Haushaltsberatungen im Juni 2002 ins Parlament eingebracht.[325]

---

[317] Vgl WEED (2002), S. 92.
[318] Die Überarbeitung und Erstellung des PEAP endete erst im Sommer 2000.
[319] Es ist allerdings keine genaue Auflistung der Teilnehmer vorhanden.
[320] Vgl. Republic of Uganda (2000), S. 6f.
[321] Panos Institute (2002), S. 22.
[322] Vgl. Republic of Uganda (2000), S. 6f.
[323] Vgl. Republic of Uganda (2001), S. 2f.
[324] Republic of Uganda (2002), S. 8.
[325] Vgl. IWF/IDA (2002c), S. 2.

Der dritte Progress Report, der im Jahr 2003 fertig gestellt wurde, ist zugleich die Grundlage für die Revision des PEAP und damit des nächsten vollen PRSP. Dieses soll 2004 fertig gestellt werden. Der Partizipationsprozess begann mit zwei Workshops im November und Dezember 2002. Darin wurde auch über die Struktur des Berichts entschieden. Erneut wurden Arbeitsgruppen für die unterschiedlichen Bereiche eingerichtet. Zudem gab es einen Workshop, in dem die Arbeitsgruppen Eingaben von Gutachtern und *stakeholders* erhielten.[326] Allerdings wird festgestellt, dass viele Ugander, vor allem in armen Gebieten, noch nichts von dem PRSP wissen.[327]

Im Rahmen des Poverty Action Fund (PAF) haben NROs eine Monitoring-Funktion. Sie werden jedes Quartal über die Ausgaben informiert. Außerdem spielt dieser Fonds eine kontinuierlich wichtiger werdende Rolle in Bezug auf das Gesamtbudget. Von der Gründung 1998 bis 2001 wurde der Budgetanteil des PAF von 17 auf 31 Prozent gesteigert.[328] Außerdem haben die 2001 verbesserten Mechanismen für Transparenz das Monitoring erleichtert.[329] Der PRSP-Prozess ist zudem eng mit der Erstellung des partizipativ gestalteten, jährlichen MTEF verbunden.[330] Eine weitere Möglichkeit der Partizipation ist die Poverty Monitoring Unit (PMU). Dieses Netzwerk interessierter Institutionen von Datenanbietern und Nachfragern hat sich positiv sowohl auf die Integration von durch NROs erarbeiteten Participatory Poverty Assessments (PPAs) als auch auf das Monitoring des PRSP ausgewirkt.[331] Zivilgesellschaftliche Organisationen haben sowohl Indikatoren für die Messung der Ergebnisse vorschlagen können als auch zusätzliche Informationen über das Ergebnis bestimmter Projekte und die Interessen bestimmter marginalisierter Gruppen in den Prozess eingespeist.[332]

Die Weltbank gibt für die Erstellung des PEAP von 1997 an, dass „[g]overnment opened the door to potential collaboration with civil society for the first time"[333]. Das JSA des PRSP kommt zu einem sehr positiven Urteil über den Prozess der Erstellung des ursprünglichen PEAP und des PRSP. „The revision of the PEAP, like the preparation of the initial PEAP, has been an exceptionally open and participatory endeavor."[334] Auf einem

---

[326] Vgl. Republic of Uganda (2003), S. 74.
[327] Vgl. Republic of Uganda (2003), S. 76f.
[328] Vgl. Republic of Uganda (2001), S. 11 und Booth/Lucas (2001), S. 25.
[329] Vgl. Republic of Uganda (2002), S. 27.
[330] Vgl. IWF/IDA (2000e), S. 3.
[331] Vgl. Booth/Lucas (2001), S. 26.
[332] Vgl. Ministry of Finance, Planning and Economic Development Government of Uganda (2002), S. 6f.
[333] Weltbank (Technote2).
[334] IWF/IDA (2000e), S. 3.

NRO-Treffen im Januar 2000 wurde ebenfalls festgestellt, dass die Entwicklung von Programmen und Strategien innerhalb der vorherigen fünf Jahre deutlich ausgeweitet und vertieft wurde.[335] Das JSA zum zweiten Progress Report zeigt sich zufrieden mit der Steigerung der Partizipation bei der Erstellung.[336]

(2) Policy: Eine konsolidierte, vorläufige Version des ersten PEAP Anfang 1997 führte zu starker Kritik. Daraufhin wurde das Papier den Vorschlägen entsprechend deutlich umgearbeitet.[337]

Die nach dem ersten Entwurf des PRSP erhaltenen Vorschläge wurden nach Regierungsangaben in die weiteren Versionen eingearbeitet.[338] Auf dem Workshop zum ersten Progress Report gab es keine größeren Meinungsverschiedenheiten über den Inhalt. „The workshop participants generally endorsed the report and key messages."[339] Über den zweiten Progress Report gibt die Regierung hinsichtlich des Einflusses der Partizipation ein sehr positives Bild. „Key stakeholders have been influential in writing this report – from the identification of the most relevant topics to providing concrete inputs and critique of the text as it moved towards its final form."[340] Dennoch wird festgehalten, dass die Regierung ihre eigene Position nicht kompromittiert habe.[341]

Das Institute of Development Studies stellt fest, dass die partizipativ erhobenen Daten des UPPAP einen großen Einfluss auf die Politikmaßnahmen im PRSP hatten.[342] Dies wird auch durch die NRO-Vereinigung Uganda Debt Network (UDN) bestätigt.[343] Neben Empfehlungen im sozialen Sektor wie Alphabetisierungsprogramme für Erwachsene wurden auch solche im Bereich Good Governance und in Bezug auf die kriegerischen Konflikte aufgenommen.[344] Die Ziele des PEAP hatten darüber hinaus nach Ansicht der Weltbank und des IWF ihren Niederschlag im nationalen Budget in der Zeit bis zur Erstellung des PRSP gefunden.[345] Bereits im CAS von 1997 stellte die Weltbank fest, dass „[t]he

---

[335] Vgl. IWF/IDA (2000e), S. 3.
[336] Vgl. IWF/IDA (2002c), S. 2.
[337] Vgl. Weltbank (Technote2).
[338] Vgl. Republic of Uganda (2000), S. 6.
[339] IWF/IDA (2001c), S. 1.
[340] Republic of Uganda (2002), Foreword.
[341] Vgl. Republic of Uganda (2002), Foreword.
[342] Vgl. McGee/Norton (2000), Annex 3.9, S. 41.
[343] Das UDN besteht seit 1996 und ist ein Netzwerk aus inzwischen 100 verschiedenen NROs, Institutionen und Individuen. Vgl. online unter: http://www.udn.or.ug/ [8.02.2004].
[344] Vgl. Uganda Debt Network (ohne Jahr), S. 3.
[345] Vgl. IWF/IDA (2000e), S. 6.

Government's Poverty Eradication Action Plan will provide the basic framework for our assistance program".[346]

Die Berücksichtigung der Interessen breiter Bevölkerungsgruppen scheint im PEAP für die langfristigen Ziele gut gelungen. Zumindest wurde bei Diskussionen mit Dorfbewohnern eine hohe Übereinstimmung der Prioritäten der Bürger mit denen im PEAP festgestellt.[347] Zudem hat sich nach Ansicht der Weltbank der PAF bewährt, um als institutioneller Mechanismus den geringen politischen Einfluss armer Menschen zumindest teilweise zu kompensieren.[348]

(3) Polity: Zivilgesellschaftliche Vertreter haben Sitze in der seit der Ausarbeitung des PEAP bestehenden National Task Force on Poverty Eradication.[349] Der Vorsitzende der zivilgesellschaftlichen Task Force CSO TF war zu allen Treffen der offiziellen, staatlichen Arbeitsgruppe eingeladen.[350] Die für die Erstellung des PRSP zuständige Arbeitsgruppe entwickelte zudem einen Participatory Action Plan (PAP), um ausreichende Partizipation sicherzustellen. Darin wurden auch „adequate feedback mechanisms"[351] entwickelt, um sicherzustellen, dass alle *stakeholders* effektiv zur Erstellung der Strategie beigetragen haben.[352] Das für die partizipative und qualitative Datenerhebung gegründete UPPAP ist institutionell im Finanzministerium und damit in einer einflussreichen Position verankert.[353] Die enge Verzahnung des PRSP-Prozesses mit dem MTEF kann eine gute Übertragung des PRSP in Budgetentscheidungen sicherstellen.[354] Bis Anfang 2002 wurde der PRS-Prozess in den Planungs- und Budgetprozess der Regierung „internalized"[355].

Der 1998 gegründete PAF kanalisiert die armutsrelevanten Ausgaben des Budgets, insbesondere die HIPC-Mittel, und ist bei Sparmaßnahmen besonders geschützt.[356] Über die Ausgaben des PAF wird jedes Quartal berichtet. Dazu sind die Medien, Regierungsbeamte, Geber und nationale sowie internationale NROs eingeladen.[357] Fünf Prozent der Mittel des PAF

---

[346] Weltbank (1997), S. 22.
[347] Vgl. Weltbank (1999), S. 3.
[348] Vgl. Weltbank (2000), S. 2.
[349] Vgl. Ministry of Finance, Planning and Economic Development Government of Uganda (2000), S. 3.
[350] Vgl. Panos Institute (2002), S. 21.
[351] Republic of Uganda (2000), S. 6.
[352] Vgl. Republic of Uganda (2000), S. 6.
[353] Vgl. Weltbank (Technote15).
[354] Vgl. IWF/IDA (2000e), S. 5.
[355] IWF/IDA (2002c), S. 2.
[356] Vgl. Republic of Uganda (2000), S. 19ff. für eine Beschreibung des Zwecks und der Mechanismen des PAF.
[357] Vgl. Republic of Uganda (2000), S. 21.

werden für Aufgaben mit Bezug zu Monitoring und Rechenschaft aufgewendet.[358]

Das Expertenteam, das bei der Erstellung des PEAP für die Partizipation verantwortlich war, hielt den Fluss an Informationen zu den Teilnehmern aufrecht. Die Teilnehmer erhielten die Protokolle der Treffen und Papiere über die Fortschritte der Workshops.[359] Bei der Erstellung des PRSP hatten die Teilnehmer der nationalen Workshops im Februar und April 2000 jeweils Zugang zu den Entwürfen des PRSP.[360] 2000 wurden vereinfachte Dokumente des PRSP durch die Regierung verbreitet. Außerdem wurden die Medien über die Höhe der von Gebern konditionierten Kredite an die Regionen informiert.[361] Bis 2002 wurde eine vereinfachte Version des PRSP in Englisch und fünf lokalen Sprachen erstellt und über verschiedene Kanäle, unter anderem NROs, verteilt.[362] Neben dieser vereinfachten Version wurde auch eine gekürzte Version für versiertere Nutzer erstellt.[363] Das Finanzministerium nutzt zudem das Internet als Informationsplattform.[364]

Die lokalen Regierungen sind verantwortlich für die Anpassung der im PRSP vorgegebenen Programme und Strategien an die lokalen Gegebenheiten und deren Implementation. In der Gegenrichtung nimmt das PRSP auch die lokalen und Sektorprogramme als Grundlage mit auf. Die National Planning Authority ist für die Kongruenz der lokalen und nationalen Programme und Strategien zuständig.[365]

(4) Erkenntnis: Hinsichtlich der speziellen Weiterbildung der Teilnehmer am Partizipationsprozess gibt es keine Aussagen in den offiziellen Dokumenten der Regierung oder der Weltbank. Die NRO World Learning stärkt seit 2002 durch das Partnerships for Poverty Reduction Project die Kapazität der Zivilgesellschaft, um die Umsetzung und das Ergebnis der PRSPs überwachen und gegebenenfalls Änderungen am Programm durchsetzen zu können.[366]

---

[358] Vgl. IWF/IDA (2000e), S. 5.

[359] Vgl. Weltbank (Technote2).

[360] Vgl. Republic of Uganda (2000), S. 7.

[361] Vgl. Republic of Uganda (2001), S. 19.

[362] Vgl. Republic of Uganda (2003), S. 77. An dieser Stelle gibt die Regierung an, diese Maßnahmen durchgeführt zu haben. Allerdings beansprucht auch das NRO-Netzwerk UDN dies für sich. Vgl. Panos Institute (2002), S. 23.

[363] Vgl. Republic of Uganda (2003), S. 77.

[364] Eine Zusammenfassung des PEAP aus dem Jahr 2000 ist online unter http://www.finance.go.ug/peap.html zugänglich. Zudem werden für die Erstellung des neuen PRSP 2004 die Daten für Workshops und einige Dokumente unter http://www.finance.go.ug/peap_revision/ bekannt gemacht.

[365] Vgl. Republic of Uganda (2000), S. 5.

[366] Vgl. http://www.worldlearning.org/wlid/poverty_reduction.html [03.03.2004].

Die Weltbank unterstützte mit technischer Hilfe die Verbesserung der Datenlage für die Erstellung des PRSP. Sowohl die inkonsistente Erhebung als auch Probleme bei der Aufbereitung und Archivierung älterer Daten stellten vor diesen Maßnahmen 1999 die größten Schwächen dar.[367] Eine weitere Unzulänglichkeit der Datenlage wurde im Fehlen qualitativer Daten ausgemacht. Deshalb wurde nach der Erstellung des ersten PEAP 1997 im Prozess der Vorbereitung des PRSP das UPPAP gegründet. In der ersten, bis zur Erstellung des PRSP abgeschlossenen Phase, wurden Bürger in 36 ländlichen Gemeinden und Städten in neun Provinzen befragt.[368] Zudem waren keine exakten und nach Programmen und Regionen disaggregierten Budgetdaten vorhanden. Das Wissen über die realen Geldströme war umso schwieriger, da beispielsweise durch Unterschlagung nicht alle für ein Projekt intendierten Mittel dieses letztendlich erreichten.[369] Ein ähnliches Problem zwischen Makro- und Mikroebene zeigte sich bei den Daten zur Leistungserbringung, selbst bei einfach zu erhaltenden Daten.[370]

Das Datennetzwerk der PMU wurde 1997 gegründet. Die organisatorische Einbindung in das Finanzministerium ist aufgrund der Leitungsfunktion des Ministeriums im PRS-Prozess strategisch sinnvoll.[371] Die PMU ist für das Sammeln und die Analyse von Armutsdaten zuständig. Außerdem liegt in ihrem Aufgabenbereich die Weiterleitung dieser Informationen an alle *stakeholders* und die Beratung der Regierung mit *policy*-Vorschlägen für den PRS-Prozess. Ihre Funktion schließt auch die Verantwortung für die Erhebung qualitativer Daten im Rahmen von UPPAP mit ein.[372]

Das JSA des PRSP bezeichnet die Datenbasis, die letztendlich für die Erstellung des Papiers zur Verfügung stand, als außergewöhnlich gut. Dabei wird sowohl auf die quantitativen und qualitativen Daten an sich als auch auf deren Analyse eingegangen.[373] Diese Einschätzung wird auch für die zur Überwachung und Evaluation notwendigen Daten aufrechterhalten, allerdings mit der Einschränkung, dass für die Erhebung und Weiterleitung dieser Daten keine Vorkehrungen im PRSP benannt wurden. Die Weltbank hält zudem weitere Analysen für verschiedene *policy*-Bereiche des PRSP

---

[367] Vgl. Weltbank (2000), S. 4.
[368] Vgl. Weltbank (2000), S. 7.
[369] Vgl. Weltbank (2000), S. 9.
[370] Vgl. Weltbank (2000), S. 17. In einer Haushaltsumfrage wurde Mitte der 90er Jahre eine Einschulungsquote von 90 Prozent festgestellt, während die Makrodaten eine Einschulung von 70 Prozent angaben. Eine Analyse der Daten der Schulen zeigte dementsprechend einen massiven Anstieg in der Einschulungsrate zu Beginn der 90er Jahre, während die offiziellen, aggregierten Daten konstant blieben.
[371] Vgl. Booth/Lucas (2001), S. 26.
[372] Vgl. IWF/IDA (2000), S. 13.
[373] Vgl. IWF/IDA (2000e), S. 4.

für notwendig. Diese Einschätzung wird von der Regierung geteilt.[374] Die im ersten Progress Report angegebenen Daten werden als ausreichend für die Evaluation angesehen.[375]

(5) Öffentlichkeit: Medienvertreter wurden sowohl zu den beiden nationalen Workshops im Februar und April 2000 eingeladen als auch zu den Berichten über die Aktivitäten des PAF.[376] Das Panos-Institute kommt allerdings zu dem Ergebnis, dass kaum ein Journalist über das PRSP informiert ist.[377] So kommt auch eine Vertreterin der NRO Uganda Media Women's Association (UMWA) zu dem Schluss, dass es in den Medien keine Berichterstattung über die Themen gab.[378] Ansonsten sind die Medien durch Bekanntgabe der an die Regionen weitergeleiteten finanziellen Beihilfen eingebunden.[379]

(6) Intermediäre Organisationen: Bei diesem Kriterium ist insbesondere die CSO TF zu nennen. Diese Arbeitsgruppe besteht aus Mitgliedern nationaler und internationaler NROs, religiösen Gruppen und Forschungsinstituten. Das UDN hat die Führungsrolle der Arbeitsgruppe inne.[380] Die CSO TF richtete Workshops zur Konsultation in acht Regionen zwischen März und April 2000 aus. Insgesamt nahmen knapp 650 Bürger teil, von denen ein Drittel Frauen waren.[381] Am Ende erstellte sie aus den Vorschlägen ein Dokument, das in den Erstellungsprozess eingebracht wurde. Außerdem gründete die CSO TF spezialisierte Arbeitsgruppen für die gleichen Fragen wie im offiziellen Prozess. Diese zivilgesellschaftlichen Arbeitsgruppen speisten ihre Ergebnisse wiederum in die offiziellen Arbeitsgruppen ein.[382]

Weiterhin sind die von NROs durchgeführten PPAs zu nennen, die die Datenlage für den PRS-Prozess erweitert haben.[383] Im Januar 2000 fand ein von Oxfam organisiertes Treffen verschiedener NROs statt, bei dem die Teilnehmer die HIPC-Initiative diskutierten und positiv bewerteten.[384]

---

[374] Vgl. IWF/IDA (2000e), S. 7.
[375] Vgl. IWF/IDA (2001c), S. 1.
[376] Vgl. Republic of Uganda (2001), S. 19.
[377] Vgl. Panos Institute (2002), S. 22.
[378] Vgl. Panos Institute (2002), S. 23.
[379] Vgl. Republic of Uganda (2001), S. 19.
[380] Vgl. McGee/Norton (2000), Annex 3.9, S. 40.
[381] Vgl. Panos Institute (2002), S. 21.
[382] Vgl. McGee/Norton (2000), Annex 3.9, S. 40f.
[383] Vgl. Booth/Lucas (2001), S. 26.
[384] Vgl. IWF/IDA (2000e), S. 3.

4.1.5. Zusammenfassung und Bewertung

Die Zusammenfassung stellt zugleich die Bewertung dar. Es wird auf der Grundlage der vorangegangenen Darstellung gezeigt, wie sich die Kriterien im Verlauf des PRS-Prozesses oder, falls die Daten dies nicht erlauben, im Vergleich zum Gesamtsystem entwickelt haben.

Für das Kriterium der *Politics* ist eine überwiegend positive Entwicklung zu konstatieren. Die Inklusivität wurde mit dem Einbezug „normaler" Bürger erhöht. Für die Einbindung intermediärer Organisationen kann vor allem im Bezug zum Gesamtsystem eine Ausweitung festgestellt werden. Im Prozess selbst ist vor allem bei der Erstellung des ersten Progress Reports eine, wenn auch nur zwischenzeitliche, deutliche Verschlechterung eingetreten. Bei der Repräsentativität sind keine Veränderungen im Prozess zu bemerken, allerdings ist eine klare Verbesserung im Vergleich zum Gesamtsystem festzustellen. Die Zeitpunkte, zu denen Partizipation stattgefunden hat, umfassen den gesamten möglichen Zyklus. Das Gewicht liegt aber bisher vor allem auf der Planung. Mit der PMU sind aber auch Mitwirkungsmöglichkeiten bei der Überwachung und Evaluation gegeben. Der Grad der Partizipation verharrt auf den Ebenen des Informationsaustauschs und der Konsultation. Die Themenfelder der Partizipation sind hingegen, insbesondere im Vergleich zum bisher auf der Gesamtebene Üblichen, deutlich ausgeweitet.

Für das Kriterium der *Policy* liegen nicht genügend differenzierte Daten vor, um eine Bewertung der Veränderung im Prozess vorzunehmen. Der Vergleich mit dem Gesamtsystem fällt positiv aus. Obwohl der geringe Einflussgrad der Partizipation dies nicht garantierte, sind viele Vorschläge der Zivilgesellschaft in das Papier eingeflossen. Die Sicht der „normalen" Bürger ist vor allem über die Erhebungen des UPPAP in das PRSP eingeflossen. Die Übereinstimmung der Prioritäten der Bürger mit den Prioritäten des PEAP ist ein gutes Indiz für die Legitimität des Papiers.

Im Bereich der *Polity* lassen sich teilweise deutlich positive Entwicklungen nennen. Die institutionelle Absicherung der Partizipation durch die National Task Force on Poverty Eradication ist eine klare Verbesserung im Vergleich zum Gesamtsystem. Dies schließt jedoch zumindest zeitweise Verschlechterungen nicht aus. Das wurde besonders bei der Erstellung des PRSP deutlich, da der kurze Zeitraum die Möglichkeiten der Partizipation merklich einschränkte. Vereinfachte Versionen und die Übersetzung in lokale Sprachen haben die Transparenz erhöht. Dies scheint auch, im Vergleich zum Gesamtsystem, seine Wirkung nicht zu verfehlen. „The revised PEAP is more widely known and appreciated than most other

Government plans."[385] Der PAF kann zwar im Prozess keine eindeutige Verbesserung vorweisen. Deutlich wird die Erhöhung der Transparenz durch dieses Instrument allerdings im Vergleich zum restlichen Budgetverfahren. Hinsichtlich des Ausgleichs geringerer Partizipation benachteiligter Bevölkerungsgruppen werden keine Angaben gemacht. Bei der Dezentralisierung liegen wenige Daten vor, jedoch ist zumindest die Ausweitung der Partizipation auf die Regionen bei der Erstellung des PRSP eine Verbesserung.

Im Bereich der Bildung lässt sich nur zeigen, dass Angebote von Seiten der Regierung nicht vorhanden sind. Lediglich das Programm der amerikanischen NRO World Learning versucht, die Kapazitäten der Zivilgesellschaft zu erhöhen. Genauere Berichte darüber liegen allerdings nicht vor. Die Qualität der Daten wurde für die Überarbeitung des PEAP beziehungsweise die Erstellung des PRSP merklich erhöht. Die zuvor vorhandenen Daten wurden konsolidiert und besser aufbereitet. Das UPPAP ergänzte diese Daten noch um qualitative Erhebungen.

Für die Medien ist festzuhalten, dass sie die Finanzströme im Bildungs- und Gesundheitsbereich veröffentlicht haben. Eine Berichterstattung über den PRS-Prozess ist nahezu nicht vorhanden.

Im Vergleich zum Gesamtsystem kann für die intermediären Organisationen eine deutliche Verbesserung der Analysefähigkeit und der *advocacy*-Arbeit festgestellt werden. Dies ist insbesondere auf die Gründung der CSO TF zurückzuführen.

An Rückwirkungen auf das Gesamtsystem, die zum Abschluss noch kurz genannt werden sollen, ist zunächst die verbesserte Datenlage zu nennen. Außerdem scheint der gesamte Budgetprozess von der erhöhten Transparenz des PAF zu profitieren. Im Bildungsbereich haben die durch das PRSP erhöhten Ausgaben der quantitativen Ausweitung der Bildung im Rahmen der UPE eine qualitative Verbesserung folgen lassen. Das IDS stellt weitere positive Auswirkungen des PRS-Prozesses auf die Gesamtebene fest. Für die hier untersuchten Kriterien sind dies die Ergebnisse, dass Partizipation im Gesamtsystem zugenommen hat und inzwischen weitere, mit Korruption auch strittige, Themen umfasst. Außerdem hat nach dieser Einschätzung die Regierung die Armutsdimension der *political capabilities* erkannt und daraufhin die Information über Rechte und Ansprüche erhöht. Die Autoren stellten

---

[385] Uganda Debt Network (ohne Jahr), S. 3.

zudem eine deutliche Verbesserung der Leistungsfähigkeit der intermediären Organisationen durch den PRS-Prozess fest.[386]

Allgemein sieht die Weltbank eine deutliche Steigerung der Partizipation im Vergleich zum zuvor allgemein Üblichen.[387] Diese Einschätzung kann durch die vorliegende Untersuchung klar bestätigt werden. Dennoch sind auch künftig viele Möglichkeiten für eine weitere Verbesserung denkbar. Die Partizipation zu anderen Zeitpunkten als der Erstellung der Papiere könnte klarer gefasst und die Inklusivität der normalen Bürger erhöht werden. Eine Verbesserung des Grads der Partizipation erscheint wünschenswert, ist aufgrund des vorhandenen Einflusses der Partizipation auf die Papiere aber nicht vordringlich. Zwei Bereiche, die in Zukunft mehr Aufmerksamkeit erhalten sollten, sind das Erstellen und Anbieten verschiedener Bildungsangebote für die Teilnehmer und die Zunahme der Berichterstattung über den PRS-Prozess in den Medien. Trotz dieser Verbesserungsmöglichkeiten ist der PRS-Prozess in Uganda positiv zu bewerten.

---

[386] Vgl. McGee/Norton (2000), Annex 3.9, S. 42.
[387] Vgl. Weltbank (2000), S. 50.

4.2. Nicaragua

4.2.1. Allgemeine Informationen

(1) Die Gesellschaft: In Nicaragua leben etwas über fünf Millionen Menschen. Die Altersgruppe zwischen 15 und 64 Jahren ist mit 60 Prozent am stärksten vertreten.[388] Das jährliche Bevölkerungswachstum lag in den vergangenen 25 Jahren bei durchschnittlich 2,8 Prozent,[389] hat sich aber inzwischen auf etwas über 2 Prozent reduziert.[390] Das hohe Wachstum spiegelt sich in einer mit 37 Prozent stark vertretenen Gruppe der Jugendlichen unter 14 Jahren und einem durchschnittlichen Alter von knapp über 20 Jahren wider. Die ethnische Zersplitterung ist moderat. Die Bevölkerung kann in 69 Prozent Mestizen, 17 Prozent Weiße, neun Prozent Creolen und fünf Prozent Indios unterteilt werden.[391] Die gesellschaftlichen Konfliktlinien sind sowohl politisch als auch sozial und weniger ethnisch geprägt.[392] Es gibt der moderaten ethnischen Zersplitterung entsprechend sieben lebende Sprachen. Spanisch ist die offizielle Amtssprache und wird von nahezu allen Bürgern beherrscht.[393] Mit 85 Prozent gehört der überragende Teil der Bevölkerung der römisch-katholischen Kirche an.[394][395]

Nicaragua belegt im Human Development Index 2003 den 121. Platz. Der Wert von 0,643 ist ein im lateinamerikanischen Vergleich niedriges Ergebnis. Dennoch gehört Nicaragua mit diesem Ergebnis im weltweiten Vergleich zu den Ländern mit mittlerem Entwicklungsstand. Bei einer Rangordnung nach Pro-Kopf-Einkommen in Kaufkraftparitäten belegt Nicaragua mit 2.450 US-Dollar einen unmerklich besseren 119. Platz.[396] Der lateinamerikanische Durchschnitt beträgt für den HDI 0,777 und für das Pro-Kopf-Einkommen 7.050 US-Dollar. Bei einem Vergleich des

---

[388] Vgl. CIA (2003), Nicaragua.
[389] Vgl. UNDP (2003), S. 252.
[390] Vgl. CIA (2003), Nicaragua.
[391] Vgl. CIA (2003), Nicaragua.
[392] Vgl. Bertelsmann Stiftung (2004), Nicaragua, Kapitel 5.1.
[393] Vgl. http://www.ethnologue.com [12. März 2003].
[394] Vgl. CIA (2003), Nicaragua.
[395] Landkarte: CIA (2003), Gutachten Nicaragua.
[396] Vgl. UNDP (2003), S. 239.

Education Index liegt Nicaragua mit 0,66 ebenfalls deutlich unter dem lateinamerikanischen Durchschnitt von 0,86. Auch die Alphabetisierungsquote der erwachsenen Bevölkerung ist mit 67 Prozent gegenüber 89 Prozent deutlich niedriger. Hingegen reicht Nicaragua bei der Lebenserwartung mit 69 Jahren fast an den lateinamerikanischen Durchschnitt von 70 Jahren heran.[397]

Das jährliche Wachstum des Bruttoinlandsproduktes betrug zwischen 1991 und 2001 durchschnittlich 3,9 Prozent. Bei einer Betrachtung des Pro-Kopf-Einkommens geht das Wachstum allerdings auf jährlich 0,8 Prozent zurück.[398] Im Jahr 2001 betrug das Pro-Kopf-Einkommen real 520 US-Dollar.[399] Die Verteilung der Einkommen ist mit einem Gini-Index in Höhe von 60,3 sehr ungleich.[400] Nicaraguas Exporte sind wenig diversifiziert und wegen des hohen Anteils der Agrarprodukte stark schwankend aufgrund wechselnder Klimabedingungen.[401] Zudem sieht sich Nicaragua verschlechternden Terms of Trade mit seinen Hauptexporten, vor allem Kaffee, gegenüber.[402] Naturkatastrophen wie der Hurrican Mitch, Erdbeben und das Klimaphänomen El Niño mit lang anhaltenden Dürren erschweren Nicaraguas Situation zusätzlich. Die Armutsquote ist zwischen 1993 und 2001 um 4,5 Prozentpunkte auf 45,8 Prozent zurückgegangen. Die Quote der in absoluter Armut lebenden Menschen ist in diesem Zeitraum von 19,4 auf 15,1 Prozent gesunken. In den ländlichen Gebieten ist absolute Armut wesentlich stärker verbreitet. Dort fallen 27,4 Prozent der Bevölkerung unter die absolute Armutsgrenze, während diese Quote im städtischen Gebiet bei 6,2 Prozent liegt.[403] Hinter dieser prozentualen Abnahme verbirgt sich aber aufgrund des hohen Bevölkerungswachstums zugleich ein Anwachsen der absoluten Anzahl der durch Armut Betroffenen.

(2) Das politische System: Nicaraguas Kolonialgeschichte beginnt 1522 mit einer Niederlage gegen spanische Truppen. Die nächsten Jahrhunderte wurde Nicaragua von Guatemala aus durch Spanien regiert. Nicaragua erklärte seine Unabhängigkeit im Jahr 1821 und wurde nach dem Zusammenbruch der Zentralamerikanischen Föderation 1838 unabhängig. Im 19. Jahrhundert besetzte Großbritannien die Mosquito Coast an der

---

[397] Vgl. UNDP (2003), S. 239f.
[398] Vgl. Banco Central de Nicaragua (2004).
[399] Umrechnung des Pro-Kopf-Einkommens in Höhe von 6550 Córdoba anhand eines durchschnittlichen Wechselkurses im Jahr 2001 von 12,5 Gold Córdoba je 1 US-Dollar. Allerdings scheint die Erhebung des Bruttoinlandsprodukts den Wert deutlich zu unterschätzen (Vgl. Weltbank (2002b), S. 10). Es gibt keine Hinweise, dass bei den vorliegenden Zahlen inzwischen eine Anpassung vorgenommen wurde.
[400] Stand 1998. Vgl. UNDP (2003), S. 284.
[401] Vgl. Republica de Nicaragua (2001), S. x.
[402] Vgl. Republica de Nicaragua (2001), S. 19.
[403] Vgl. Weltbank (2002f), S. 2.

Karibik. Der amerikanische Einfluss wurde ab 1912 deutlich, als amerikanische Marines einmarschierten, um Adolfo Díaz im Bürgerkrieg zu unterstützen. Die amerikanische Truppenpräsenz dauerte bis 1933 an, der Einfluss der Vereinigten Staaten ging aber über die nächsten Jahrzehnte nicht zurück.[404]

Ab 1937 bis 1979 beherrschten mehrere Angehörige der Somoza-Familie, meist als gewählte Präsidenten, kleptokratisch das Land. In den 70er Jahren entstanden zwei starke Rebellenbewegungen, die Frente Sandinista de Liberación Nacional (FSLN) und die Democratic Liberation Union (UDEL). 1979 gelang es, Anastasio Somoza Debayle zu stürzen. Die linksgerichteten Sandinisten übernahmen die Regierung. Sie verstaatlichten wichtige Bereiche der Wirtschaft, führten eine Landreform durch und verbesserten die sozialen Dienstleistungen. Die Vereinigten Staaten unter Ronald Reagan unterstützten ab 1981 konterrevolutionäre Rebellen (Iran-Contra-Affäre). Dennoch wurde Daniel Ortega Sanchez, der Anführer der Sandinisten, 1984 in Wahlen zum Präsidenten ernannt. 1990 endete das sozialrevolutionäre Regime der Sandinisten durch Wahlen unter einer Zentralamerikanischen Friedensinitiative. In diesen Wahlen besiegte ein Oppositionsbündnis die FSLN, und Violeta Barrios de Chamorro wurde Präsidentin. Mit dieser Wahl war der Bürgerkrieg beendet, wenn es auch noch Anfang der 90er Jahre zu Gefechten zwischen neu formierten Recontras und sandinistischen Recompas kam.[405]

4.2.2. Bewertung der Kriterien für den Staat

(1) Politics: Allgemeine, direkte, gleiche, geheime und freie Wahlen sind verfassungsmäßig garantiert. Sie werden regelmäßig sowohl auf nationaler als auch auf dezentralen Ebenen durchgeführt. Bereits unter dem sandinistischen Regime wurden 1984 „technisch korrekte Wahlen durchgeführt"[406]. Die drei bürgerlichen Präsidenten seit 1990 wurden durch kompetitive Wahlen legitimiert. Der Sieg der Kandidatin des Oppositionsbündnisses Unión Nacional Oppositora (UNO), Violeta Barrios de Chamorro, leitete 1990 den Regimewechsel ein. Seitdem gehört Nicaragua dem „Kreis der defizitären und labilen Demokratien liberal-repräsentativer Prägung in Lateinamerika"[407] an. 1997 gewann Arnoldo Alemán Lacayo und 2002 Enrique Bolaños Geyer die

---

[404] Vgl. The Columbia Encyclopedia (2004), Nicaragua.
[405] Vgl. The Columbia Encyclopedia (2004), Nicaragua.
[406] Bertelsmann Stiftung (2004), Nicaragua, Kapitel 2.
[407] Bertelsmann Stiftung (2004), Nicaragua, Kapitel 2.

Präsidentschaftswahl. Beide gehören der Partido Liberal Constitucionalista (PLC) an.[408]

Bei den Kommunalwahlen am 5. November 2000 konnte sich vor allem die FSLN als Sieger fühlen. Sie gewann sechs von insgesamt elf der 17 Provinzhauptstädte hinzu. Unter anderem gewann der Kandidat der FSLN, Herty Lewis, mit 44 Prozent der Stimmen in der Hauptstadt Managua. In zwei Dritteln der Gemeinden konnte die PLC hingegen erneut den Bürgermeister stellen. Insgesamt verlor die PLC gegenüber den Präsidentschaftswahlen 1996 fast zehn Prozent der Stimmen auf 41,5 Prozent und die FSLN gewann zweieinhalb Prozent auf 40,3 Prozent hinzu. Die Partido Conservador (PC) erlangte 13,3 Prozent der Stimmen und die Partido Camino Cristiano (PCC) 4,4 Prozent. Insgesamt konnten die Parteien jedoch nur etwas über die Hälfte der Wahlberechtigten für sich gewinnen, da über 44 Prozent der Wahl fernblieben.[409]

Während 1996 noch 23 Parteien und 56 Wählerbündnisse an den Wahlen teilnahmen, konnten nach einer Neufassung des Parteiengesetzes lediglich drei Parteien bei den Wahlen am 4. November 2001 antreten. Neben der PLC und der FSLN, als bestimmende Partei im Wahlbündnis Convergencia, nahm auch die PC teil. Hinsichtlich der Bedingungen für Partizipation machte vor allem die FSLN Versprechen. Die Institutionen sollten weiter demokratisiert, das Wahlgesetz geändert und die Justiz entpolitisiert werden. Außerdem sollten Gesetzte für vermehrte Bürgerbeteiligung erlassen werden.[410] Die restlichen Wahlversprechen konzentrierten sich sowohl bei der PLC als auch der FSLN auf Verbesserungen der wirtschaftlichen Situation, die jedoch von externen Beobachtern als unrealistisch und unbezahlbar angesehen wurden.[411] Die Vorstöße der FSLN zur weiteren Demokratisierung erscheinen aufgrund entgegengesetzter Absprachen der Sandinisten mit der regierenden PLC allerdings ebenfalls unglaubwürdig. Nachdem die Führung der PC aufgrund parteiinterner Streitigkeiten und der Einmischung des amerikanischen Botschafters, der einen Sieg der Sandinisten bei einer Aufteilung der bürgerlichen Wähler auf PLC und PC fürchtete, zurücktrat, büßte diese Partei ihre Chancen ein.[412] In den meisten Umfragen vor der Wahl führte der Kandidat der FSLN, der frühere sandinistische Präsident

---

[408] Vgl. Bertelsmann Stiftung (2004), Nicaragua, Kapitel 2.

[409] Vgl. Schmid (2001), S. 92f.

[410] Es sollten Plebiszite, Referenden und Bürgerzusammenkünfte gefördert, der nationale Planungsrat für Wirtschaft und Soziales gestärkt und ein Nationaler Rat für Verbraucherschutz sowie eine Ständige Kommission von NROs gegründet werden. Vgl. Schmid (2001), S. 97.

[411] Vgl. Schmid (2001), S. 100.

[412] Vgl. Schmid (2001), S. 99f.

Ortega, mit schwindendem Vorsprung. Sowohl die USA als auch die katholische Kirche versuchten bis zum Wahltag, Bolaños zu stärken.[413] Bei der Präsidentenwahl konnte sich Bolaños unerwartet deutlich mit 56 Prozent der Stimmen gegen Ortega durchsetzten, der 42 Prozent der Stimmen erhielt. Die gleichzeitig durchgeführten Parlamentswahlen ergaben mit 53 Prozent der Stimmen ebenfalls einen Sieg für die PLC. Die FSLN erhielt 42 Prozent und die PC knapp fünf Prozent. Die PC verlor ihre juristische Persönlichkeit als Partei, da sie bei der Präsidentenwahl lediglich 1,4 Prozent der Stimmen gewann. Die Wahlbeteiligung fiel überraschend und im Gegensatz zu den Kommunalwahlen mit 92 Prozent sehr hoch aus.[414]

Die Parteien sind stark polarisiert. Das Parteiensystem wird von den Liberalen und Sandinisten dominiert, unterstützt durch die hohen Zulassungshürden für Kleinpartien zu Wahlen. [415] Über die Ziele Demokratie und Marktwirtschaft besteht ein breiter politischer Konsens. Lediglich hinsichtlich der sozialen Aspekte und der Umverteilung bestehen Differenzen.[416] Die gesellschaftliche Verankerung beider Parteien ist stark. Dies wird durch klientelistische Strukturen und die Durchdringung der Verbände und Interessenorganisationen verstärkt.[417]

Während Chamorro aufgrund der versöhnlichen Haltung den Sandinsiten gegenüber sich keiner parlamentarischen Mehrheit sicher sein konnte, wendeten sich diese institutionellen Blockaden unter ihrem Nachfolger Alemán ins Gegenteil. Eine sichere Parlamentsmehrheit, Korruption und Machtabsprachen mit den Sandinsiten untergruben die Gewaltenteilung und ermöglichten Alemán eine autokratische Regierungsweise. Durch die Absprachen mit den Sandinisten, dem Pacto Político, wurden in einer Verfassungsänderung 2000 der Oberste Wahlrat, der Oberste Gerichtshof und der Rechnungshof politisiert.[418] Zudem wurde im Rahmen des Pacto Político ein kleine Parteien stark benachteiligendes Parteiengesetz erlassen. Der im Januar 2002 gewählte Präsident Bolaños strengte vor allem eine Antikorruptionskampagne gegen seinen Vorgänger an. Alemán wurde zwar inzwischen in Haft genommen, doch blieb ihm seine parlamentarische Hausmacht treu. Deshalb verfügt Bolaños wie zuvor Chamorro über keine eigene parlamentarische Mehrheit und ist auf die Unterstützung der

---

[413] Vgl. Schmid (2001), S. 103f.
[414] Vgl. Schmid (2001), S. 105ff.
[415] Vgl. Bertelsmann Stiftung (2004), Nicaragua, Kapitel 3.1.1.
[416] Vgl. Bertelsmann Stiftung (2004), Nicaragua, Kapitel 5.5.
[417] Vgl. Bertelsmann Stiftung (2004), Nicaragua, Kapitel 3.1.1.
[418] Vgl. Schmid (2000). Bei der Wahl von neun Richtern im Jahr 2003 hielt dieses Bündnis an. Präsident Bolaño wollte das Parlament die Richter aus einer Vorschlagsliste der Zivilgesellschaft wählen lassen, doch der Alemán-Flügel der PLC und die Sandinisten einigten sich auf eigene Kandidaten. Vgl. Willig (2003b).

Sandinisten angewiesen.[419] Im Juli 2003 gründete Bolaño die liberale Sammelbewegung Movimiento de Unidad Liberal (MUL) aus sieben liberalen Parteien. Ein erneuter Zusammenschluss mit der Alemán-PLC wird allerdings als wahrscheinlich angesehen.[420]

An Partizipation der Bevölkerung im konventionellen Rahmen sind neben Wahlen noch die Reformprogramme im Bildungs- und Gesundheitsbereich ab 1998 zu nennen. In beiden Prozessen wurden sowohl die Leistungserbringer als auch die Begünstigten einbezogen.[421] Umfassende Partizipation, an der Teilnehmer aus allen Regionen und 153 indigenen Gemeinschaften beteiligt waren, gab es darüber hinaus auch im Rahmen des Nicaragua Environment Plan (PANic).[422] Zudem manifestiert sich die gesellschaftliche Partizipation in unkonventionellen Formen wie Streiks, Protesten, Straßenblockaden und Landbesetzungen.[423] Vor den Kommunalwahlen Ende 2000 kam es beispielsweise zu heftigen Protesten der Miskito-Indianer, deren Indiopartei Yátama von den Wahlen aufgrund des neuen Wahlgesetztes ausgeschlossen wurde.[424] Konflikte werden inzwischen meist gewaltfrei ausgetragen.[425] Insgesamt ist die gesellschaftliche Mobilisierung gegenüber dem sandinistischen Regime in den 80er Jahren deutlich zurückgegangen.[426]

Die Justiz unterliegt politischem Einfluss und weist erhebliche Mängel auf. Korruption ist weit verbreitet, wird aber unter Bolaño vermehrt verfolgt. Die bürgerlichen Freiheitsrechte werden in geringerem Maße eingeschränkt. Dabei kommt es vor allem zu Schikanen gegen Menschenrechtsverteidiger, unverhältnismäßigen Gewaltanwendungen der Sicherheitsorgane und der selektiven Anwendung geltenden Rechts durch die Verwaltung.[427]

Ausländische Akteure sind für den politischen Prozess eine wichtige Einflussgröße.[428] Sie finanzieren durch Kredite und Beihilfen ungefähr ein Drittel des öffentlichen Haushalts.[429]

---

[419] Vgl. Bertelsmann Stiftung (2004), Nicaragua, Kapitel 2.
[420] Vgl. Willig (2003).
[421] Angaben zum Einfluss dieser Partizipation auf die Reformprogramme werden nicht gemacht. Vgl. Republica de Nicaragua (2000), S. 50.
[422] Angaben zum Einfluss dieser Konsultationen liegen ebenfalls nicht vor. Vgl. Republica de Nicaragua (2000), S. 53.
[423] Vgl. Bertelsmann Stiftung (2004), Nicaragua, Kapitel 3.1.2.
[424] Vgl. Der Fischer Weltalmanach 2002 (2001), Nicaragua.
[425] Vgl. Bertelsmann Stiftung (2004), Nicaragua, Kapitel 5.1.
[426] Vgl. Bertelsmann Stiftung (2004), Nicaragua, Kapitel 5.1.
[427] Vgl. Bertelsmann Stiftung (2004), Nicaragua, Kapitel 2.
[428] Vgl. Bertelsmann Stiftung (2004), Nicaragua, Kapitel 3.1.1.
[429] Vgl. Banco Central de Nicaragua (2004b) und (2004c).

(2) Policy: Die Politik ist „stärker an Individualinteressen als am Gemeinwohl orientiert".[430] Die Unterschlagung von fast 100 Millionen US-Dollar durch den Präsidenten Alemán und seine Helfer geben hierfür ein sehr klares, wenn auch singuläres, Indiz.[431] Eine Umfrage kurz vor den Präsidentenwahlen 2001 zeigte geringe Unterschiede der Interessenlage zwischen ländlicher und städtischer Bevölkerung. Als Hauptproblem wurden fehlende Arbeitsplätze und als zweites die daraus resultierende Armut genannt. An nächster Stelle folgte die Korruption.[432] Da Politiken zur Schaffung von Arbeitsplätzen schwierig zu bewerten sind, kann keine Aussage darüber getroffen werden, inwiefern diesem Anliegen Rechnung getragen wird. Die vehemente Korruptionsbekämpfung Bolaños lässt aber zumindest eine Übersetzung dieses Wählerwillens in Maßnahmen der Politik erkennen, ohne entscheiden zu können, ob dies vielmehr ein taktisches Vorgehen Bolaños gegen Alemán ist. Die beiden Atlantikregionen, die seit 1987 über einen Autonomiestatus verfügen, sind traditionell vernachlässigt. Die Kirche verfügte unter Alemán über großen Einfluss, der unter Bolaños zurückgedrängt wird.[433] Die politischen Akteure richten ihre Politik an den Auflagen der internationalen Gebergemeinschaft aus.[434]

(3) Polity: Nicaragua ist eine Republik. Die Verfassung stammt aus dem Jahr 1987 und wurde zuletzt im Jahr 2000 geändert.[435] Der Staat ist in 17 Regionen (Departamentos) und 151 Gemeinden untergliedert. Zwei Departamentos an der Atlantikküste genießen seit 1987 einen Autonomiestatus. Die Exekutive wird durch den Präsidenten gebildet, der in allgemeinen Wahlen für fünf Jahre gewählt wird. Eine direkte Wiederwahl ist nicht möglich. Die Legislative besteht aus einem Ein-Kammer-Parlament mit 93 Mitgliedern. Die Abgeordneten haben ebenfalls eine fünfjährige Amtszeit. Das allgemeine Wahlrecht gilt für alle Nicaraguaner älter als 15 Jahre.[436] Die Verfassung garantiert umfassende Vereinigungs-, Versammlungs-, Meinungs- und Pressefreiheiten. Die Gewaltenteilung ist wie die Ausdifferenzierung und Unabhängigkeit der Justiz verfassungsmäßig garantiert. [437]

Durch eine Verfassungsänderung 1995 wurden mit Volksbefragungen und Volksentscheiden die Partizipationsmöglichkeiten erweitert. Im Rahmen

---

[430] Bertelsmann Stiftung (2004), Nicaragua, Kapitel 6.
[431] Vgl. Bertelsmann Stiftung (2004), Nicaragua, Kapitel 5.3.
[432] Vgl. Schmid (2001), S. 103.
[433] Vgl. Bertelsmann Stiftung (2004), Nicaragua, Kapitel 3.1.1.
[434] Vgl. Bertelsmann Stiftung (2004), Nicaragua, Kapitel 5.6.
[435] Vgl. Republica de Nicaragua (2000b).
[436] Vgl. Der Fischer Weltalmanach 2002 (2001), Nicaragua und The Columbia Encyclopedia (2004), Nicaragua.
[437] Vgl. Bertelsmann Stiftung (2004), Nicaragua, Kapitel 3.1.1.

des Pacto Político wurde im Jahr 2000 jedoch das Wahlgesetz geändert. Für die Erlangung beziehungsweise den Erhalt des Status als juristische Persönlichkeit und den Schutz des Namens muss eine Gruppierung Unterschriften von drei Prozent der wahlberechtigten Bevölkerung (Festlegung nach Daten aus dem Jahr 1996: 73.000 Personen) und Ortsverbände in allen 151 Gemeinden vorweisen.[438] Zudem muss eine Partei bei Wahlen mindestens vier Prozent der Stimmen erreichen. Bei Wahlbündnissen addiert sich diese Mindestquote. Zuschüsse an Parteien erfolgen erst nach der Wahl und bei Erlangung der Mindestquote.[439] „Politische Bewegungen, Bürgerinitiativen und Wählergruppen wurden eliminiert."[440] Durch diese Änderungen haben die beiden beherrschenden Parteien, PLC und FSLN, die Partizipationsmöglichkeiten der Bürger deutlich beschnitten und ihre Macht gefestigt.

Die Transparenz der Regierung wurde 1999 durch die Einrichtung eines Integrated System for Financial Management and Auditing (SIGFA) und ein neues Gesetz zu Ausschreibungen und Vertragsvergaben verbessert.[441] Zudem sollte das Parlament ein Gesetz für den allgemeinen Zugang zu nahezu allen öffentlichen Dokumenten beschließen.[442] Arme Bevölkerungsgruppen haben dennoch meistens keine Informationen über Gesetze, Sozialprogramme und das Justizsystem.[443] Im Corruption Perceptions Index 2003 nimmt Nicaragua den 88. Platz von 133 Ländern ein. Die geringe Punktzahl von 2,6 auf einer Skala von sehr korrupt bei einem Wert von 0 bis zu einem Höchstwert von 10 macht das schlechte Abschneiden noch deutlicher als der Rang.

(4) Erkenntnis: In der Verfassung wird Bildung der Status eines Rechts eingeräumt und den Universitäten sechs Prozent der Haushaltsmittel zugestanden. Die Alphabetisierungsquote der erwachsenen Bevölkerung liegt bei 67 Prozent.[444] Insgesamt beliefen sich die staatlichen Bildungsausgaben im Jahr 2001 auf 16,3 Prozent der öffentlichen Haushaltsausgaben. Der Schwerpunkt der Ausgaben liegt auf dem Primärschulbereich. In diesem Bereich konnte zuletzt auch ein deutlicher Fortschritt erreicht werden. Zwischen 1998 und 2001 wurde die Einschulungsquote um acht Prozentpunkte auf 81 Prozent erhöht. Im Sekundarbereich konnte die Quote von 32 auf 37 Prozent erhöht werden. Insbesondere die ländlichen Gebiete weisen eine geringere

---

[438] Vgl. Schmid (2000).
[439] Vgl. Schmid (2001), S. 91f.
[440] Schmid (2001), S. 92.
[441] Vgl. Republica de Nicaragua (2000), S. 15.
[442] Vgl. Republica de Nicaragua (2000), S. 37 und 106.
[443] Vgl. Republica de Nicaragua (2000), S. 10.
[444] Vgl. UNDP (2003), S. 239f.

Einschulungsquote auf.[445] Von den eingeschulten Kindern bleiben dies national lediglich 37 Prozent und in den ländlichen Gebieten neun Prozent bis zum Ende der Grundschule nach dem vierten Schuljahr.[446] Die durchschnittliche Schulbesuchsdauer liegt bei circa fünf Jahren und steigt kaum noch an.[447] Trotz der Ausgaben für den primären Bereich in Höhe von 53 Prozent ist dieser Sektor weiterhin unterfinanziert und insbesondere im Vergleich zu den Universitäten benachteiligt. Universitäten erhalten knapp ein Viertel der Mittel. Dies bedeutet pro Kopf berechnet, dass für einen Universitätsstudenten das 16-fache eines Grundschülers ausgegeben wird. Erwachsenenbildung ist im staatlichen Sektor nahezu nicht existent.[448]

Für einige Hundert Erwachsene gibt es seit 1998 mit spanischer Unterstützung das Programa de Alfabetización y Educación Básica de Adultos de Nicaragua (PAEBANIC), das allerdings nur in Teilen des Landes aktiv ist. Außerdem fördert das Centro de Educación para la Democracia (CED) in Kampagnen demokratische Werte bei Schulkindern.

Die unzureichende Bildungssituation trotz des positiven Trends wird von der Regierung eingestanden. „The effectiveness of basic public education, particularly for the poor, is affected adversely by insufficiently trained teachers, poor physical conditions in over half the primary classrooms, and a chronic shortage of teaching materials. This partly explains the high repetition and desertion rates, especially in rural areas where these problems are most acute."[449]

(5) Öffentlichkeit: 80 Prozent der Haushalte besaßen 2001 ein Radio und 60 Prozent ein Fernsehgerät. Telefonanschlüsse waren in mehr als 13 Prozent der Haushalte und ein Computer in etwas über zwei Prozent der Haushalte vorhanden.[450] Zudem gab es im Jahr 2000 drei Internet Service Provider, deren Dienste 20.000 Menschen und damit weniger als ein halbes Prozent der Bevölkerung nutzten.[451] Insbesondere arme Bevölkerungsgruppen haben keinen Zugang zu Medien.[452]

Die Verfassung garantiert Meinungs- und Pressefreiheit und die Medien nutzen diese ausgiebig.[453] In der Bewertung durch den Press Freedom

---

[445] Vgl. Bertelsmann Stiftung (2004), Nicaragua, Kapitel 3.2.7.
[446] Vgl. Republica de Nicaragua (2000), S. 17.
[447] Vgl. Bertelsmann Stiftung (2004), Nicaragua, Kapitel 3.2.7.
[448] Vgl. Weltbank (2001d), S. 31.
[449] Republica de Nicaragua (2000), S. 9.
[450] Vgl. http://www.inec.gob.ni/estadisticas/indicadoresemnv.htm [15. März 2004].
[451] Vgl. CIA (2003), Nicaragua.
[452] Vgl. Republica de Nicaragua (2000), S. 10.
[453] Vgl. Bertelsmann Stiftung (2004), Nicaragua, Kapitel 3.1.1.

Survey wird Nicaragua in den letzten Jahren konstant als *partly free* eingestuft.[454] Hervorzuheben ist, dass die Bewertung im Bereich repressiver Maßnahmen wie Ermordung, Haft oder Zensur sehr positiv ausfällt.[455] Es gibt fünf Fernsehkanäle, von denen die Sandinisten drei vor der Machtübergabe in die Hände von Parteianhängern übergaben. Bei der Privatisierung der Radiostationen kamen ebenfalls nur Sandinisten zum Zug. Dementsprechend ist die Berichterstattung den Sandinisten klar zugeneigt. Der Zeitungsmarkt hingegen ist hinsichtlich des Meinungsangebotes stark diversifiziert.[456] Gesetzgebung zur Ahndung inakkurater und unverantwortlicher Berichterstattung wird nicht zur Einschüchterung von Journalisten genutzt.[457] Ohne Einschränkungen konnte deshalb über Korruptionsfälle in der Regierung Alemán berichtet werden.[458] Präsident Bolaños hat zudem die Vorgehensweise Alemáns aufgehoben, Anzeigengelder vor allem regierungsfreundlichen Zeitungen zukommen zu lassen. Dennoch hat Bolaños eine regierungskritische und von seinem Vorgänger betriebene Radiostation schließen lassen.[459] Die Vorschrift, dass Journalisten einen Universitätsabschluss in Journalismus oder mindestens fünf Jahre Berufserfahrungen vorweisen müssen,[460] beschränkt einerseits die Pressefreiheit, kann allerdings andererseits auch die Qualität der Berichterstattung erhöhen.

(6) Intermediäre Organisationen: Interessengruppen können sich frei organisieren, stehen aber zum Teil unter dem Einfluss parteipolitischer Akteure.[461] Der NRO-Sektor in Nicaragua ist zu einem bedeutenden Wirtschaftssektor geworden. Die gemeinnützigen Organisationen stellen mehr als sieben Prozent des BIP und beschäftigen zehn Prozent der Erwerbstätigen.[462] Die Selbstorganisation der Zivilgesellschaft stößt auf sozio-ökonomische Grenzen. Die Spendengelder betragen zwei Prozent des BIP, decken also rund ein Drittel der Ausgaben.[463]

---

[454] Vgl. Freedom House (1999), S. 25. Freedom House (2000), S. 26. Freedom House (2001), S. 29. Freedom House (2002), S. 40. Freedom House (2003b), S. 119f.

[455] Eine Aufschlüsselung dieses Bereichs ist bis zu der Erhebung 2001 vorhanden. Für das Jahr 2000 erhielt Nicaragua sowohl im Print- als auch im Rundfunkbereich jeweils die Bestnote 0. Vgl. Freedom House (2001), S. 29.

[456] Vgl. Freedom House (2000), S. 26.

[457] Vgl. Freedom House (2001), S. 29.

[458] Vgl. Freedom House (2002), S. 40.

[459] Vgl. Freedom House (2003b), S. 120.

[460] Vgl. Freedom House (2000), S. 26.

[461] Vgl. Bertelsmann Stiftung (2004), Nicaragua, Kapitel 3.1.2.

[462] Vgl. Reseña-Antonio (2000).

[463] Vgl. Reseña- Antonio (2000).

4.2.3. Der PRS-Prozess

Als die Regierung Alemán 1997 ihr Amt übernahm, begann sie einen konsultativen Prozess im Rahmen der Erarbeitung einer Strategie für Armutsreduzierung.[464] Der konsultative Prozess wurde in der Folge des Hurrican Mitch auf den Druck der Zivilgesellschaft hin verstärkt und Beratungsgremien wurden eingerichtet, um die Prioritäten der Soforthilfe und des Wiederaufbauplans zu setzen.[465] Diese Maßnahmen bildeten die Grundlage für die Erarbeitung des PRSP ab 1999. In Anlehnung an diese Grundlagen wurde das I-PRSP als Strengthened Poverty Reduction Strategy und das PRSP als Estrategia Reforzada de Crecimiento Económico y Reducción de Pobreza bezeichnet.[466] Die Strategie baut auf vier Säulen auf: (1) Breit gefächertes Wachstum, (2) Investitionen in Humankapital, (3) verbesserter Schutz für *vulnerable groups* und (4) Stärkungen der Institutionen sowie Good Governance. Außerdem gibt es drei Querschnittsthemen: die ökologische Gefährdung, soziale Ungleichheit und Dezentralisierung.[467] Im Januar 2004 erreichte Nicaragua den *completion point* für den Erlass von 4,5 Milliarden US-Dollar seiner Auslandsschulden.[468]

4.2.4. Messung der Kriterien für den PRS-Prozess[469]

(1) Politics: Neben der Partizipation externer Akteure und verschiedener Ministerien wurde auch die Zivilgesellschaft an der Erarbeitung der Strategie beteiligt.[470] Dies fand von Anfang an vor allem über den National Council for Social and Economic Planning (CONPES) statt.[471]

> Within the framework of this participatory approach, the authorities will maintain a constant flow of information, broaden the role of the public, promote

---

[464] Vgl. Republica de Nicaragua (2000), S. v.

[465] Vgl. IWF/IDA (2000d), S. 4.

[466] Im Weiteren werden ausschließlich die allgemeinen Weltbankbegriffe genutzt, um eine Begriffsverwirrung zu vermeiden.

[467] Vgl. Republica de Nicaragua (2000), S. 27.

[468] Vgl. IWF/IDA (2004) und die Pressemitteilung zur Entscheidung der Exekutivdirektorien von Weltbank und IWF online unter: http://www.imf.org/external/np/sec/pr/2004/pr0411.htm [28.03.2004].

[469] Bis auf den ersten Progress Report standen alle im Rahmen des PRS-Prozesses obligatorischen Dokumente für die Untersuchung zur Verfügung. Die JSAs der Weltbank umfassten auch dieses Dokument.

[470] Der Beteiligung unterschiedlicher Akteure wird im I-PRSP große Aufmerksamkeit gewidmet, zumindest gemessen an den Seitenzahlen. Neben einer Zusammenfassung auf den ersten vier Seiten des Papiers wird auf weiteren 22 Seiten detailliert die Beteiligung unterschiedlicher Regierungsstellen, zivilgesellschaftlicher Akteure und internationaler Geber dargestellt. Vgl. Republica de Nicaragua (2000), S. 1-4 und 50-71.

[471] Vgl. Republica de Nicaragua (2000), S. 51.

open discussions among government, citizens and donors, and strengthen policy formulation, monitoring and evaluation capacities. The goal is not only to build consensus, but to ensure this strategy becomes a truly national project.[...] Plans are underway to continue and to broaden public participation, among them – the poor and vulnerable populations, indigenous communities and women – moving out of Managua to the departments and municipalities in a systematic way. This will ultimately include the monitoring and evaluation process as well.[472]

Die Mitglieder des CONPES kommen aus verschiedenen Bereichen.[473] CONPES gehörten am Anfang Repräsentanten von fünf Verbänden des Privatsektors und zwei Gewerkschaften, zwei *community based organizations*, Vertreter des NRO-Dachverbands Civil Coordinator for Emergency and Reconstruction (CCER), einer Assoziation der Universitäten, neun verschiedener Parteien sowie vier Minister an. Seit Februar 2000 sind auch die Regionalregierungen der beiden unabhängigen Regionen am Atlantik beteiligt. Bis zum Zeitpunkt der Erstellung des PRSP wurden zwei weitere Stellen für die Association of Nicaraguan Municipalities (AMUNIC) und den Arbeitsminister geschaffen.[474] Im März 2002, vor dem ersten Progress Report, kam es zu einer deutlichen Umstrukturierung des CONPES. Per Dekret wurden die Sitze der Regierung gestrichen und Repräsentanten der Frauen, Jugend und Medien aufgenommen.[475] Die Umstrukturierung wurde im Jahr 2003 fortgesetzt. Die Vertreter der Parteien mussten CONPES verlassen. Dafür sind nun weitere intermediäre Organisationen und 15 individuelle Mitglieder vertreten.[476]

Seit der Einberufung im August 1999 traf sich CONPES 26 Mal bis zur Erstellung der Strengthened Poverty Reduction Strategy (SPRS), die zugleich das I-PRSP bildete.[477] CONPES hat in seinem Aufgabengebiet viele weitere, aber eng mit dem PRS-Prozess verbundene Themenfelder.[478] Das Hauptaugenmerk sollte aber zunächst auf dem PRS-Prozess liegen.[479] Bis zu der Erstellung des PRSP kam es zu elf weiteren Treffen aller Mitglieder.[480]

---

[472] Republica de Nicaragua (2000), S. 51f.
[473] Vgl. Republica de Nicaragua (2001), S. 71f. für eine genaue Auflistung der Mitglieder nach der Gründung.
[474] Vgl. Republica de Nicaragua (2000), S. 72 und S. 59.
[475] Vgl. IWF/IDA (2002b), S. 9.
[476] Vgl. Republica de Nicaragua (2003), S. 108.
[477] Vgl. Republica de Nicaragua (2000), S. 61f.
[478] Zu diesen Themenfeldern gehören die Sozial- und Wirtschaftspolitik der Regierung, das nationale Budget, die Treffen der Consultative Group, das Sozialversicherungssystem und der National Dialogue 2000. Vgl. Republica de Nicaragua (2000), S. 57f.
[479] Vgl. Republica de Nicaragua (2000), S. 52.
[480] Vgl. Republica de Nicaragua (2001), S. 74ff. für eine genaue Auflistung aller Treffen und der besprochenen Themen.

CONPES hat sich in fünf Arbeitsgruppen aufgeteilt. Zusätzlich wurde durch die Koordinatoren der Arbeitsgruppen und ihre Sekretäre eine Arbeitsgruppe für institutionelle Entwicklung gegründet, um Vorschläge für die Verbesserung und Erweiterung der Partizipation zu machen. Außerdem wurde externe technische Hilfe mit einbezogen, um die analytischen Kapazitäten bei bestimmten Themen des I-PRSP zu steigern.[481] Seit der Einrichtung der Arbeitsgruppen hatten diese bis zur Erstellung des I-PRSP circa 80 Sitzungen, von denen 67 im Jahr 2000 stattfanden.[482] Bis zu der Erstellung des PRSP kamen über 100 weitere Treffen hinzu.[483] Zwischen der Erstellung des I-PRSP und dem PRSP wurde zudem eine auf Budgetfragen spezialisierte Arbeitsgruppe gegründet.[484] Bei einigen Themen in der Vorbereitung des I-PRSP wurden die Arbeitsgruppen umgebildet und weitere Teilnehmer hinzugezogen.[485] Im PRSP fordert CONPES eine regelmäßigere Unterrichtung durch die Regierung.[486] Nach der Veränderung der Zusammensetzung des CONPES, der Exklusion der Regierungsvertreter, hat sich der Informationsfluss weiter verschlechtert.[487] Der zweite Progress Report wurde mit CONPES Mitte Oktober 2003 diskutiert.[488] Jedoch hat die neue Regierung Bolaños wesentlich weniger Konsultationen mit CONPES abgehalten. Dies änderte sich erst mit der Erstellung des Plan Nacional de Desarrollo (NDP)[489], der auch bei der Erstellung des neuen PRSP 2004 zugrunde gelegt werden soll.[490]

Über CONPES hinaus gab es zu bestimmten Themen mit entsprechenden Vertretern der Zivilgesellschaft Treffen, die als Expanded CONPES bezeichnet wurden.[491] Diese nahmen bis zur Erstellung des PRSP weiter zu.[492] Eng damit verbunden waren Konsultationen in den Regionen, die zunächst kaum stattfanden. Bis zur Erstellung des I-PRSP gab es erste Konsultationen mit Repräsentanten des Nicaraguan Institute for Municipal Development (INIFOM). Daneben wurden einige Treffen des Expanded CONPES außerhalb der Hauptstadt abgehalten. Als weitere Schritte zur Ausweitung der Diskussion wurden Treffen mit Vertretern der Lokalregierungen genannt, um sie mit dem I-PRSP vertraut zu machen. Als

---

[481] Vgl. Republica de Nicaragua (2000), S. 60.
[482] Vgl. Republica de Nicaragua (2000), S. 63f.
[483] Vgl. Republica de Nicaragua (2001), S. 76ff. für eine genaue Auflistung aller Treffen.
[484] Vgl. Republica de Nicaragua (2001), S. 73.
[485] Vgl. Republica de Nicaragua (2000), S. 63.
[486] Vgl. Republica de Nicaragua (2001), S. 93.
[487] Vgl. IWF/IDA (2002b), S. 9.
[488] Vgl. IWF/IDA (2003), S. 2.
[489] Vgl. http://www.pnd.gob.ni/ für Informationen und den Text des NDP.
[490] Vgl. IWF/IDA (2003), S. 10.
[491] Vgl. Republica de Nicaragua (2000), S. 64 für eine genaue Auflistung der Treffen, der Themen und der eingeladenen Repräsentanten.
[492] Vgl. Republica de Nicaragua (2001), S. 80ff.

weitere Kanäle für die regionale Ausweitung wurden im I-PRSP Mitglieder des CONPES angeführt, die eine breite gesellschaftliche und regionale Basis haben.[493] Erste Workshops mit „einfachen" Bürgern waren bereits bei der Erstellung des I-PRSP abgeschlossen. Dennoch erkannte die Regierung an, dass in diesem Gebiet noch Anstrengungen nötig waren. „While most of the interaction to design and promote the poverty reduction strategy took place in Managua, the government realizes the importance of consulting with people and institutions outside of the capital and is searching for cost-effective and practical ways to do so."[494] In diesem Rahmen wurde speziell auf die traditionell vernachlässigte Atlantikregion und die Notwendigkeit der direkten Partizipation der dort lebenden indigenen Volksgruppen eingegangen.[495] Bis zur Erstellung des PRSP wurden Konsultationen in neun Regionen im Rahmen eines neu entwickelten Projekts für regionale Partizipation, PROCONSULTA, durchgeführt. Daran nahmen lokale Regierungsvertreter, besonders von Armut betroffene Bürger und intermediäre Organisationen teil, die nicht notwendigerweise mit an CONPES beteiligten Organisationen affiliiert sein mussten.[496] Die an den Konsultationen beteiligten Bürger und Organisationen erscheinen repräsentativer als die an CONPES beteiligten, wenn auch eine genaue Aufschlüsselung der Teilnehmer fehlt.[497] Im Anschluss wurden 16 Fokusgruppen mit extrem armen Menschen gegründet, um deren Beteiligung in der Implementierungsphase zu gewinnen. Das PRSP beinhaltet eine Liste mit allen über CONPES hinausgehenden Treffen[498] und der verschiedenen Teilnehmer.[499]

Neben der geschilderten Beteiligung des CONPES bei der Erarbeitung der Strategie soll CONPES zusammen mit dem Secretaría Técnica de la Presidencia (SETEC) auch für die Implementierung, das Monitoring und die Evaluierung der Strategie sowie der eingegangenen Verpflichtungen zuständig sein.[500] Im Progress Report wird über Konsultationen verschiedener Ministerien mit der Zivilgesellschaft berichtet, die die Implementierung betreffen.[501]

Die Partizipation hat nach den vorliegenden Informationen bei der Erstellung des PRSP lediglich als Konsultation stattgefunden. Das Sozialministerium und das Wirtschaftsministerium führten den Prozess der

---

[493] Vgl. Republica de Nicaragua (2000), S. 3.
[494] Republica de Nicaragua (2000), S. 3.
[495] Vgl. Republica de Nicaragua (2000), S. 3.
[496] Vgl. Republica de Nicaragua (2001), S. 62 und S. 79f.
[497] Vgl. Republica de Nicaragua (2001), S. 4.
[498] Vgl. Republica de Nicaragua (2001), S. 80ff.
[499] Vgl. Republica de Nicaragua (2001), S. 70.
[500] Vgl. Republica de Nicaragua (2000), S. 52 und Republica de Nicaragua (2001), S. 63.
[501] Vgl. IWF/IDA (2002b), S. 9.

Vorbereitung und Anpassung des I-PRSP und des PRSP an.[502] Partizipation fand somit in vorherigen Konsultationen, nicht aber bei den Entscheidungen statt. „The government, with assistance from the World Bank and input from the different ministries, then identified and prioritized the programs for inclusion in the FY 2001 budget. The major product of this effort is the SPRS".[503] SETEC war in den Vorbereitungen für die Einbindung verschiedener Regierungsstellen, der Geber und der Zivilgesellschaft bei der Erstellung des I-PRSP verantwortlich.[504] Die Erstellung des zweiten Progress Reports lag in der Hand des Secretaria de Coordinación y Estrategia de la Presidencia (SECEP), das durch die Zentralbank und das Finanzministerium unterstützt wurde.[505]

In Bezug auf die Themenfelder erkennt die Regierung im Rahmen des I-PRSP an, dass die Konsultationen bei makroökonomischen und strukturellen Fragen ausgeweitet werden müssen.[506] Zwischen 2002 und 2003 wurden von CONPES auch Themen behandelt, die die politische und rechtliche Struktur Nicaraguas und verschiedene Freihandelsabkommen umfassten.[507]

Das Parlament wird lediglich im Rahmen des legislativen Prozesses genannt. Es werde „the necessary legislative agenda for considering and approving supporting legislation"[508] herstellen. Eine Beteiligung an der Erstellung des I-PRSP wird im Hauptdokument nicht erwähnt, allerdings in einem Nebensatz im Annex.[509] Im PRSP gibt es keine Hinweise auf eine Verbesserung dieser Situation. Im JSA des ersten Progress Reports wird vor der Gefahr gewarnt, dass die Spannungen zwischen Regierung und Parlament zu Schwierigkeiten bei der Verabschiedung wichtiger Gesetzte für die Implementierung des PRSP führen könnten.[510]

Der NDP wurde ab März 2003 erstellt und zielt vor allem auf die Steigerung des wirtschaftlichen Wachstums ab. Außerdem wird angegeben, dass in diesem Rahmen die regionalen Ziele für soziale, ökonomische, ökologische und institutionelle Bereiche erstellt werden sollen. Konsultationen fanden in allen 17 Provinzen mit über 1100 Teilnehmern statt. Die Teilnehmer kamen zu knapp 50 Prozent aus dem sozialen

---

[502] Vgl. Republica de Nicaragua (2000), S. 2 und Republica de Nicaragua (2001), S. 2.
[503] Republica de Nicaragua (2000), S. 3.
[504] Vgl. IWF/IDA (2000d), S. 1.
[505] Vgl. IWF/IDA (2003b), S. 2. Gründe für die Ablösung des Sozialministeriums und des Wirtschaftsministeriums werden nicht genannt.
[506] Vgl. IWF/IDA (2000d), S. 7.
[507] Vgl. Republica de Nicaragua (2003), S. 71.
[508] Republica de Nicaragua (2000), S. 4.
[509] Vgl. Republica de Nicaragua (2000), S. 65.
[510] Vgl. IWF/IDA (2002b), S. 9f.

Bereich, zu 20 Prozent aus der nationalen und zu 15 Prozent aus der lokalen und regionalen Regierung sowie zu 20 Prozent aus dem Privatsektor. Zudem gab es sieben Konsultationen für spezielle Gruppen wie Gewerkschaften, Frauen, Jugendliche und soziale Bewegungen.[511]

In vier Städten im nördlichen Nicaragua haben sich zudem lokale, partizipative Prozesse zur Entwicklung von Strategien zur Armutsreduzierung entwickelt.[512]

Das JSA des I-PRSP beurteilt die Konsultation als intensiv und die Mitgliedschaft bei CONPES als breit gefächert.[513] Es wird festgestellt, dass die Notwendigkeit der Ausweitung der Konsultationen über soziale auf makroökonomische und strukturelle Themen hinaus von der Regierung anerkannt wird.[514] Der Vertreter des IWF in Nicaragua lehnt allerdings zugleich eine gemeinsame Entscheidungsfindung bei makroökonomischen Themen allgemein ab und reduziert die Bedeutung von Partizipation auf „information-diffusion"[515]. Das JSA des PRSP kommt hinsichtlich der Partizipation zu einer positiven Schlussfolgerung, mahnt aber Verbesserungen bei der Partizipation im Bereich Implementierung und Monitoring an.[516] Diese Verbesserungen werden noch immer im JSA des ersten Progress Report eingefordert,[517] ebenso wie eine bessere Einbindung der lokalen Bevölkerung.[518] Im JSA zum zweiten Progress Report wird der partizipative Prozess nicht mehr als intensiv bezeichnet. Außerdem wird die zwischenzeitlich mangelnde Einbindung von CONPES kritisiert. Der Prozess zur Erstellung des NDP wird positiv bewertet.[519]

Die dänische NRO IBIS stellt fest, dass die Erstellung des PRSP vor allem in den Händen von Mitarbeitern der Weltbank lag und das fertige Papier direkt nach Washington geschickt wurde.[520] Zudem kritisiert die irische NRO Trócaire, dass die Teilnahme zivilgesellschaftlicher Organisationen durch die Regierung zu sehr begrenzt wurde und Vertreter armer Gemeinden insbesondere aus ländlichen Gebieten vom Prozess ausgeschlossen waren.[521] Kritische Organisationen seien von der Regierung

---

[511] Vgl. Republica de Nicaragua (2003), S. 70 und S. 110f.
[512] Vgl. Republica de Nicaragua (2001), S. 63.
[513] Vgl. IWF/IDA (2000d), S. 4.
[514] Vgl. IWF/IDA (2000d), S. 7.
[515] IBIS (2001), S. 3.
[516] Vgl. IWF/IDA (2001b), S.1
[517] Vgl. IWF/IDA (2002b), S. 11.
[518] Vgl. IWF/IDA (2002b), S. 9.
[519] Vgl. IWF/IDA (2003b), S. 9.
[520] Vgl. IBIS (2001), S. 2.
[521] Vgl. TROCAIRE (2002), S. 3.

am Zugang zum Partizipationsprozess gehindert worden.[522] Zivilgesellschaftliche Organisationen hätten zudem nicht genügend Zeit gehabt, weder um mit ihre Basis zu beraten noch um alternative Politikvorschläge zu formulieren.[523] Trócaire hebt zudem die Entwicklung der lokalen Strategiepapiere zur Armutsbekämpfung nicht positiv hervor, sondern sieht sie in der Exklusion dieser Regionen begründet.[524]

(2) Policy:[525] Die Vorschläge der Bürger zu Poverty Assessments und Strategien sowie zu Zielen und den Investitionen des I-PRSP wurden in einer Matrix festgehalten, „to facilitate their inclusion, assessment and to ensure transparency through open record keeping".[526] Die Matrix wurde dem I-PRPS nicht angefügt, jedoch eine Liste, in der, geordnet nach 16 Bereichen, eine Vielzahl an Vorschlägen aus den Konsultationen mit der Zivilgesellschaft und internationalen Gebern dargestellt werden.[527] Allerdings wurde in dieser Auflistung keine Trennung der Vorschläge von internen und externen Akteuren vorgenommen. Die Matrix wurde in der Estrategia Reforzada de Reducción de la Pobreza veröffentlicht. Welche Maßnahmen die Regierung aus den Vorschlägen aufgenommen hatte beziehungsweise in das PRSP aufnehmen wollte, wird nicht dargestellt. Es wird lediglich festgestellt, dass die generellen Anmerkungen eingearbeitet wurden.[528] Die Erstellung des I-PRSP durch Regierung und Weltbank ohne Partizipation der Bürger oder intermediärer Organisationen lassen keinen allzu großen Einfluss der Konsultationen und vielmehr eine Monopolstellung der Regierung und der Weltbank erwarten.

Ohne genauere Angaben zu machen stellt die Regierung im PRSP fest, dass die Vorschläge, die im Vorlauf des I-PRSP gemacht wurden, in das PRSP eingearbeitet sind.[529] Vorschläge im Vorlauf des PRSP befinden sich im Anhang aufgelistet und wurden „considered"[530]. Diese Vorschläge beschränken sich nur auf Vorschläge des CONPES und externer Geber.[531]

---

[522] Vgl. TROCAIRE (2002), S. 4.

[523] Vgl. TROCAIRE (2002), S. 3.

[524] Vgl. TROCAIRE (2002), S. 4.

[525] Eine sinnvolle Darstellung der Einarbeitung der Vorschläge war als *desk study* nicht möglich. Es fehlten sowohl die vorläufigen Dokumente, auf die sich die Vorschläge bezogen und zu denen man den Vergleich hätte ziehen müssen, als auch die Möglichkeit, zu überprüfen, in welchem Ausmaß die in den Papieren genannten Vorschläge akkurat wiedergegeben wurden. Ein weiteres Problem war die Gewichtung durch die Teilnehmer hinsichtlich der den einzelnen Vorschlägen zugeschriebenen Bedeutung und des Rückhalts der Vorschläge bei verschiedenen Gruppen.

[526] Republica de Nicaragua (2000), S. 51f.

[527] Vgl. Republica de Nicaragua (2000), S. 67ff.

[528] Vgl. Republica de Nicaragua (2000), S. 67.

[529] Vgl. Republica de Nicaragua (2001), S. 61.

[530] Republica de Nicaragua (2001), S. 5.

[531] Vgl. Republica de Nicaragua (2001), S. 94.

Ob die Vorschläge der regionalen Konsultationen, der vier städtischen Strategiepapiere zur Armutsbekämpfung und zweier von NROs durchgeführten Konsultationsprozessen unter den CONPES-Vorschlägen subsumiert sind, ist nicht ersichtlich. Die Erstellung der endgültigen Version des PRSP scheint nicht partizipativ erfolgt zu sein. Denn diese Version sollte erst nach erfolgter Einreichung bei der Weltbank auf einem Workshop mit Vertretern von CONPES und der Zivilgesellschaft beurteilt werden.[532] Beim zweiten Progress Report ist keine gesondert erstellte Auflistung der Vorschläge, sondern die Stellungnahme von CONPES zu dem Entwurf des Papiers abgedruckt.[533]

Das I-PRSP hat laut Regierungsangaben seinen Niederschlag sowohl im Budget als auch in verschiedenen Gesetzen gefunden.[534]

Das JSA des I-PRSP lobt die guten Aufzeichnungen über die Konsultationen und deren Ergebnisse, ebenfalls ohne einen Einfluss auf die Strategie zu erwähnen.[535] Die weiteren JSAs nehmen diesbezüglich nicht Stellung. Eine von der Canadian International Development Agency (CIDA) ausgerichtete Konferenz kommt zu dem Schluss, dass kein einziger der durch den landesweiten Partizipationsprozess des CCER erarbeiteten Vorschläge in das PRSP aufgenommen wurde.[536] Die irische NRO Trócaire kommt zu dem gleichen Ergebnis, allerdings für den gesamten zivilgesellschaftlichen Sektor. „CSO recommendations were not taken into account in the final versions of the PRSP."[537] Zudem haben die zivilgesellschaftlichen Organisationen den Eindruck, dass zumindest für den makroökonomischen Bereich weiterhin die PRGF des IWF und nicht das PRSP entscheidend ist.[538]

(3) Polity: CONPES[539] wurde im Februar 1999 mit dem Dekret 15 auf der Grundlage des Artikels 150, Satz 13 der Verfassung gegründet. Dort wird dem Präsidenten ein Mandat gegeben, es als beratenden Körper für die Unterstützung bei der Entwicklung sozialer und ökonomischer Programme einzusetzen. CONPES soll über SAP informiert werden und das Investitions-Portfolio der Projekte und Programme übersehen. Weitere Aufgaben sind Ratschläge für das jährliche Haushaltsgesetz und die

---

[532] Vgl. IWF/IDA (2001b), S. 3.
[533] Vgl. IWF/IDA (2003b), S. 118ff.
[534] Vgl. Republica de Nicaragua (2001): S. vii.
[535] Vgl. IWF/IDA (2000d), S. 5.
[536] Vgl. CIDA (2001), S. 4.
[537] TROCAIRE (2002), S. 3.
[538] Vgl. TROCAIRE (2002), S. 8.
[539] Da der bisherige Fokus von CONPES auf dem PRS-Prozess gelegen hat und CONPES in direktem Zusammenhang zu diesem gegründet wurde, wird es an dieser Stelle und nicht bei der Bewertung der *Polity* im Gesamtsystem aufgeführt.

Beratung des Präsidenten bei Fragen des nationalen Interesses. Am 25. August 1999 legte der Präsident mit einem weiteren Dekret die Mitglieder[540] und am 2. September 1999 per Dekret den Sekretär des SETEC als Koordinator fest.[541] Die Verfahrensregeln sind ebenfalls per Präsidialdekret festgelegt worden.[542] In den Rat des über die Ausgaben wachenden Supplementary Social Fund wurden CONPES-Vertreter aufgenommen.[543]

Bis zur Erstellung des PRSP wurden zwei Workshops abgehalten, um lokale Partizipation besser zu planen. Daran anschließend wurde das lokale Konsultationsprojekt PROCONSULTA entwickelt, um den Prozess mit ausreichender Partizipation und einer methodologischen Grundlage zu institutionalisieren. Zunächst wurden 16 Fokusgruppen mit armen Bürgern gegründet. In einer zweiten, 30 Monate dauernden Phase, sollte lokale Partizipation ausgeweitet und vertieft werden.[544] Ansonsten gibt es keine weitere institutionelle Absicherung der Partizipation im PRS-Prozess.

Über das I-PRSP wurde in Präsentationen informiert und Zugang zu entsprechenden Dokumenten ermöglicht.[545] Das Dokument wurde innerhalb Nicaraguas weit verbreitet.[546] Die Entwürfe und Dokumente wurden sowohl vor und während der Diskussionen und Arbeitstreffen als auch auf Nachfrage zur Verfügung gestellt.[547] Außerdem konnten sie im Internet abgerufen werden.[548] Allerdings wurde das I-PRSP auf Englisch geschrieben und erst anschließend ins Spanische übersetzt.[549] Für die Konsultationen vor der Erstellung des PRSP wurde eine vereinfachte und verkürzte Version des I-PRSP gedruckt.[550] Das fertige PRSP soll, auch in vereinfachter Form, durch CONPES verbreitet werden.[551] Allerdings erhielt CONPES mehrere Wochen lang keinen Zugang zu dem fertigen und bei Weltbank und IWF eingereichten PRSP.[552] CONPES hat gefordert, dass das PRSP und weitere Dokumente in indigene Sprachen übersetzt werden.[553]

---

[540] Vgl. Republica de Nicaragua (2000), S. 58.
[541] Vgl. Republica de Nicaragua (2000), S. 59.
[542] Vgl. Republica de Nicaragua (2000), S. 60.
[543] Vgl. Republica de Nicaragua (2001), S. xiv.
[544] Vgl. Republica de Nicaragua (2001), S. 62
[545] Vgl. Republica de Nicaragua (2000), S. 2.
[546] Vgl. Republica de Nicaragua (2000), S. 3.
[547] Vgl. Republica de Nicaragua (2000), S. 52.
[548] Die zu diesem Zeitpunkt genutzte Internetseite unter http:// www.mipres.gob.ni/setec ist, zumindest im März 2004, nicht erreichbar.
[549] Vgl. TROCAIRE (2002), S. 4.
[550] Vgl. Republica de Nicaragua (2001), S. 71.
[551] Vgl. Republica de Nicaragua (2001), S. 3.
[552] Vgl. IBIS (2001), S. 2.
[553] Vgl. IWF/IDA (2002b), S. 94.

Hinsichtlich der Dezentralisierung wird nur angegeben, dass die Implementierung und Evaluation des PRSP dezentral erfolgen soll. Dadurch soll auch die Transparenz erhöht werden.[554]

Für den Konsultationsprozess im Rahmen von PROCONSULTA wurde eine Frauenquote in Höhe von 30 Prozent aufgestellt.[555] Für die gegründeten Fokusgruppen liegen keine Informationen in dieser Hinsicht vor.

(4) Erkenntnis: Es werden keine Bildungsangebote für Bürger oder intermediäre Organisationen in den Dokumenten genannt. Anstatt Weiterbildung wurde aber zumindest technische Hilfe angeboten. Mit der Unterstützung durch das UNDP wurde das National Program for the Analysis and Formulation of Public Policy (PRANAFP) gegründet.[556] PRANAFP soll diese technische Hilfe für CONPES und weitere Konsultationsprozesse in den Feldern Statistik, Datensammlung, Forschung und Kommunikation zur Verfügung stellen.[557]

Bei den Konsultationen wurden fehlende allgemeine Daten über die Wirtschaft bemängelt. Darüber hinaus wurden Datenengpässe speziell bei der Reaktion der Volkswirtschaft auf externe Schocks, bei Hindernissen für Wirtschaftswachstum und bei der Auswirkung makroökonomischer Politikentscheidungen auf die armen Bevölkerungsgruppen festgestellt. Außerdem gab es Diskussionen über die richtige Armutsmessung und die fehlende Berücksichtigung der Geschlechterdimension.[558] Die Mängel bei der Qualität der Daten und der Interpretation gesteht die Regierung im I-PRSP größtenteils ein.[559] Allerdings weist sie auf die hohe Qualität der Haushaltsdaten hin und sieht an dieser Stelle lediglich Mängel bei der Distribution der Daten und bei einheimischen Forschern.[560] Im PRSP gibt die Regierung an, mit Hilfe der Weltbank eine Forschungsagenda entwickelt zu haben, um mehr und bessere *policy*-Optionen entwickeln zu können.[561] Die IDA hat im Vorfeld des I-PRSP ein Poverty Assessment, eine Public Expenditure Review und eine Armutskarte sowie eine Evaluation der Wirkung des Social Investment Fund, durch den auch die Mittel des HIPC-Schuldenerlasses kanalisiert werden sollen,[562]

---

[554] Vgl. Republica de Nicaragua (2000), S. 94.
[555] Vgl. Republica de Nicaragua (2001), S. 4.
[556] Vgl. Republica de Nicaragua (2000), S. 3.
[557] Vgl. Republica de Nicaragua (2000), S. 52.
[558] Vgl. Republica de Nicaragua (2000), S. 67.
[559] Vgl. Republica de Nicaragua (2000), S. 21 und S. 48.
[560] Vgl. Republica de Nicaragua (2000), S. 46.
[561] Vgl. Republica de Nicaragua (2001), S. vi.
[562] Vgl. Republica de Nicaragua (2001), S. xiv.

durchgeführt. Die Daten für die Evaluation der Programme des PRSP sollen durch die verschiedenen Ministerien erhoben werden.[563]

(5) Öffentlichkeit: Die Medien wurden in den Beratungsprozess des I-PRSP einbezogen[564] und aufgefordert, eine aktivere Rolle bei der Kommunikation der Verpflichtungen und des Fortschritts bei der Umsetzung zu spielen.[565] Bis zur Erstellung des PRSP wurden keine weiteren Konsultationen mit Medieninhabern oder Journalisten unternommen. Eine Unterstützung, um die aktivere Rolle zu ermöglichen, wird im PRSP nicht erwähnt. Bei den Umwandlungen des CONPES in den Jahren 2002 und 2003 wurden auch Vertreter von zwei Journalistenvereinigungen aufgenommen.[566]

(6) Intermediäre Organisationen: Neben der selektiven Einbindung intermediärer Organisationen durch CONPES beschäftigten sich wenige Organisationen mit dem PRS-Prozess. Allgemein wird das Interesse und die Kapazität der nicaraguanischen NROs für den PRS-Prozess als nicht besonders hoch eingeschätzt. Einerseits wird das der HIPC-Initiative zugrunde liegende Thema der Entschuldung „im Rahmen der jeweils eigenen Arbeit und Problemlagen nicht als prioritäres Thema politischen Engagements betrachtet".[567] Andererseits lehnten einige NROs die Beteiligung aus politischen Gründen kategorisch ab.[568] Sie schlossen sich der Kampagne Jubilee South an, die die Entschuldungsinitiative ablehnt, da sie die Auslandsschulden als illegitim ansieht.[569]

Zivilgesellschaftliche Organisationen hielten dennoch mit Regierungsunterstützung von Februar bis April 2001 eigene Konsultationsprozesse ab. Die lokale NRO FUNDEMOS hat einen nationalen Konsultationsprozess zu den Programmen und Projekten des PRSP durchgeführt. Die Vereinigung verschiedener NROs CCER hat eine von Regierungsseite als „more comprehensive"[570] bewertete öffentliche Debatte über das PRSP in allen Regionen durchgeführt. Die Ergebnisse der beiden Projekte sind zusätzlich in den staatlichen PRS-Prozess eingeflossen.[571] Die Repräsentativität war mit 57 Prozent Teilnehmern aus ländlichen Gebieten und 54 Prozent Frauen für diese Bereiche deutlich höher als bei den Konsultationsprozessen der Regierung.[572]

---

[563] Vgl. Republica de Nicaragua (2000), S. 22.
[564] Vgl. Republica de Nicaragua (2000), S. 64f.
[565] Vgl. Republica de Nicaragua (2000), S. 3.
[566] Vgl. Republica de Nicaragua (2003), S. 109.
[567] Baaijen/Hackländer (2001), S. 19.
[568] Vgl. Baaijen/Hackländer (2001), S. 20.
[569] Vgl. online unter http://www.jubileesouth.org/
[570] Vgl. Republica de Nicaragua (2001), S. 63.
[571] Vgl. Republica de Nicaragua (2001), S. 4.
[572] Vgl. Republica de Nicaragua (2001), S. 4.

Die Kapazität der nicaraguanischen NROs wird mit der Ausnahme einiger Organisationen aus der Hauptstadt Managua als zu gering für eine qualifizierte Teilnahme eingeschätzt.[573] Allerdings sind diese Ausnahmen „highly skilled in advocacy and have several specialist think tanks to call on for research".[574] Der Vertreter des IWF in Nicaragua schätzt dennoch die Fähigkeiten der NROs als zu gering ein, um an makroökonomischen Entscheidungen teilzunehmen.[575]

4.2.5. Zusammenfassung und Bewertung

Für die Inklusivität ist vor allem die starke Konzentration auf CONPES bedeutsam, da hierdurch Partizipation vor allem auf zivilgesellschaftliche Organisationen eingeschränkt wird. Allerdings nahm der Einbezug weiterer Akteure im Rahmen des Expanded CONPES im Verlauf bis zur Erstellung des PRSP weiter zu. Die negative Tendenz der Inklusivität durch die geringere Anzahl der Partizipationsmöglichkeiten für CONPES unter dem neuen Präsidenten Bolaños ist anscheinend nur ein kurzfristiges Phänomen gewesen. Während normale Bürger bei der Erstellung des I-PRSP nur in ersten Pilotprojekten zu Wort kamen, hat die systematische Partizipation bis zur Erstellung des PRSP durch PROCONSULTA zu einer merklich erhöhten Zahl beteiligter Bürger und Organisationen geführt. Durch die Bildung der Fokusgruppen wurde die Inklusivität auch durch mehr Interaktionen unterstützt. Das Parlament ist nicht in den Prozess eingebunden. Hinsichtlich der Repräsentativität des CONPES ist das klare Übergewicht des privatwirtschaftlichen Sektors zu bemerken, das im Laufe des Prozesses noch ausgeweitet wurde. Dennoch gibt es mit der Ausweitung auf Vertreter vonFraueninteressen, der Jugend und der Medien auch positive Tendenzen. Die Repräsentativität der Treffen im Rahmen des Expanded CONPES erscheint ebenso wie die Konsultationen im Rahmen von PROCONSULTA deutlich höher als die des CONPES.

Zu den Zeitpunkten der Partizipation gibt es wesentlich weniger Informationen. CONPES soll sowohl für die Erarbeitung des PRSP als auch für die Implementierung, das Monitoring und die Evaluierung mitverantwortlich sein. Von Armut betroffene Bürger sollen zudem im Rahmen der durch PROCONSULTA gegründeten Fokusgruppen in die Evaluierung eingebunden werden. Der Grad der Partizipation beschränkt sich auf Informationsaustausch und Konsultationen. Bei den

---

[573] Vgl. Baaijen/Hackländer (2001), S. 20.
[574] TROCAIRE (2002), S. 4.
[575] Vgl. IBIS (2001), S. 3. Dort sind Auszüge eines Interviews mit dem *resident representative* des IWF in Nicaragua, Joaquín Harnack, wiedergegeben.

Themenfeldern ist eine graduelle Verbesserung festzustellen. Während bei der Erstellung des I-PRSP die Konsultationen größtenteils auf sozialpolitische Maßnahmen beschränkt blieben, wurden bei der Erstellung des PRSP auch strukturelle Fragen sowie die Freihandelsabkommen Nicaraguas diskutiert.

Die Regierung äußert sich kaum und wenn nur sehr unzulänglich über den Einfluss der Partizipation. Die Einschätzungen der NROs, dass keine Forderungen der beteiligten Bürger und der intermediären Organisationen in den Papieren einen Niederschlag gefunden haben, ist aufgrund des geringen Grades der Partizipation und der abgeschotteten Erstellung des PRSP glaubhaft.

Im Bereich der *Polity* lassen sich wenige Veränderungen ausmachen. Die institutionelle Absicherung der Partizipation ist für die Beteiligung des CONPES gegeben und hat sich, bis auf dessen Zusammensetzung, nicht geändert. Allerdings beruht diese Absicherung nur auf Dekreten des Präsidenten. Die grundlegenden Dokumente werden den Teilnehmern zwar überlassen, eine Verbesserung der Transparenz ist aber nicht festzustellen. Über die Durchführung geplanter Maßnahmen zur Steigerung der allgemeinen Transparenz wird nichts bekannt. Die beabsichtigten Maßnahmen, die Zusammenfassung des PRSP und die Übersetzung des PRSP in indigene Sprachen, könnten zu einer erhöhten Transparenz führen. Für eine Beurteilung des Unterkriteriums Dezentralisierung liegen wenige Informationen vor. Zumindest sind die Fokusgruppen ein erster Schritt für einen begrenzten *bottom-up*-Ansatz bei der Erstellung der Strategien. Darüber hinaus sollen das Monitoring und die Evaluation dezentral erfolgen.

Bildungsangebote für Teilnehmer des PRS-Prozesses gibt es nicht. Statt die Kapazität der Teilnehmer langfristig zu erhöhen, wird versucht, kurzfristig die Kapazitätsengpässe durch technische Hilfe zu kompensieren. Die Datenlage wurde vor allem durch die Aktivitäten der Weltbank verbessert.

Die Einbindung der Medienvertreter ging bei der Erstellung des PRSP im Vergleich zum I-PRSP von einem ohnehin geringen Niveau zurück. Erst bei der Umbildung von CONPES in den Jahren 2002 und 2003 wurde wieder auf eine Einbeziehung der Journalisten geachtet. Es sind keine Angaben vorhanden, inwiefern der PRS-Prozess Eingang in die Berichterstattung fand.

Die Kapazität intermediärer Organisationen, am PRS-Prozess teilzunehmen, hat sich nicht merklich verändert. Positiv ist die bei einzelnen Organisationen vorhandene Leistungsfähigkeit zu beurteilen, die zu zwei unabhängigen Konsultationsprozessen geführt hat. Diese Konsultationsprozesse schlossen bereits vor der Ausdehnung der staatlich organisierten Partizipation alle Regionen ein und hatten eine repräsentativere Zusammensetzung der Teilnehmer als der staatliche PRS-Prozess.

Im Vergleich zu der im Gesamtsystem vorhandenen Partizipation sind keine besonderen Fortschritte zu erkennen. Als positive Entwicklung ist lediglich die Konsultation der Bürger im Rahmen von PROCONSULTA zu nennen. Die institutionelle Absicherung von CONPES kann nur bedingt als positive Veränderung angeführt werden, da obwohl der Fokus des CONPES auf dem PRS-Prozess liegt, er ein allgemeines Beratungsorgan des Präsidenten und nicht auf den PRS-Prozess spezialisiert ist. An positiven Rückwirkungen des PRS-Prozesses auf das Gesamtsystem ist nur die Verbesserung der Datenlage durch die Weltbank anzuführen. Die Bewertung der Partizipation im PRS-Prozess kann deshalb nicht zu einem positiven Urteil kommen. Der Einfluss der Partizipation war, wenn überhaupt vorhanden, nur marginal. Das ermöglichende Umfeld der Partizipation wurde im PRS-Prozess im Vergleich zum Gesamtsystem kaum verbessert. Insgesamt kann somit vielmehr davon ausgegangen werden, dass die Partizipation lediglich ein formelles *ownership* herstellen und nicht der Weiterentwicklung der Strategie im Sinne der Interessen der Bürger dienen sollte.

5. Schlussbetrachtung

Das Ziel dieser Arbeit waren die Entwicklung und die Anwendung eines Konzepts zur Messung des Standes und der Bewertung der Partizipation im Poverty Reduction Strategy-Prozess der Weltbank. Nach einer Hinführung an das Thema wurden in drei Kapiteln die Grundlagen für die Messung und Bewertung der Partizipation erarbeitet und diese darauf aufbauend durchgeführt.

Das zweite Kapitel widmete sich den Fragen, was Partizipation bedeuten kann, was Partizipation bedeuten soll, welche Anforderungen an eine solche Partizipation gestellt werden müssen und welche Bedeutung eine diese Anforderungen erfüllende Partizipation für Entwicklung haben kann. Es wurde gezeigt, dass Partizipation Einfluss haben muss und auf ein ermöglichendes Umfeld angewiesen ist. Die dafür erforderlichen Kriterien wurden aus der Demokratietheorie abgeleitet. Anschließend wurde gezeigt, dass eine diesen Anforderungen entsprechende Partizipation positive Auswirkungen auf verschiedene Dimensionen der Armut hat. Partizipation bekämpft direkt die Armut in der politischen Armutsdimension, hat zusätzlich aber auch eine positive Wirkung auf andere Armutsdimensionen.

Das dritte Kapitel stellte zunächst die aus den Demokratietheorien abgeleiteten Anforderungskriterien dar. In einem weiteren Schritt wurde durch einen Vergleich mit der Weltbank gezeigt, worin die Unterschiede zwischen dem hier vorgestellten Partizipationskonzept und dem theoretischen sowie dem in der Praxis verfolgten Partizipationskonzept der Weltbank liegen. Ein weiterer Vergleich mit zwei Demokratie messenden Indices und mit zwei auf Partizipation im PRS-Prozess spezialisierten Untersuchungen zeigte die Besonderheiten des entwickelten Partizipationskonzepts auf. Es ermöglicht eine genaue und umfassende Untersuchung der Partizipation durch die Beachtung des Partizipation ermöglichenden Umfelds und insbesondere durch die Beachtung des Einflusses der Partizipation auf die kollektiv getroffenen Entscheidungen. Im Anschluss daran wurde schließlich das die Kriterien enthaltende Untersuchungsraster dargestellt.

Dieses Raster wurde im vierten Kapitel auf die Untersuchung zweier Länder angewendet. Die Arbeit untersuchte sowohl das politische System als auch den PRS-Prozess in Uganda und in Nicaragua anhand der im Raster enthaltenen Kriterien. Im PRS-Bereich wurde die Partizipation sowohl im Erstellungsprozess des jeweiligen vorhergehenden Strategiepapiers als auch des PRSP untersucht. Anschließend wurden die Messungen der beiden Prozesse verglichen. Durch diesen Vergleich konnte die Veränderung der einzelnen Kriterien beurteilt werden. Dies erlaubte, sowohl Stärken als auch Schwächen des Partizipationsprozesses genau zu erkennen. Während in Uganda Fortschritte bei vielen Kriterien sowohl im Prozess als auch im Vergleich des PRS-Prozesses zum Landesüblichen festgestellt wurden, ist in Nicaragua kaum eine Veränderung aufgetreten.

Zusammenfassend kann über den Stand der Partizipation im PRS-Prozess festgestellt werden, dass der von der Weltbank eröffnete Raum für mehr gesellschaftliche Teilhabe an diesem Strategiepapier genutzt werden kann, aber nicht muss. Die Weltbank greift in diesen Bereich nicht aktiv ein, zumindest nicht mit offiziellen und öffentlichen Maßnahmen. Die Unterschiede in der Darstellung der Partizipation in den Joint Staff Assessments fallen zwischen einem sich positiv entwickelnden Prozess wie in Uganda und einem kaum Verbesserungen zeigenden Prozess wie in Nicaragua nicht besonders deutlich aus. Klare Hinweise auf Mängel des jeweiligen Prozesses werden nicht gegeben. Die letztendliche Beurteilung der Partizipation durch die Exekutivdirektorien der Weltbank und des IWF ist nicht öffentlich und hat bisher zu keiner Ablehnung eines PRSP geführt.

Das entwickelte Kriterienraster könnte sich für die Weltbank in zweifacher Hinsicht als nützlich erweisen, wenn sie der Partizipation in ihrem Handeln eine so große Bedeutung zumessen will wie in ihren programmatischen Aussagen. Einerseits kann die Messung des jeweiligen PRS-Prozesses mithilfe des Kriterienrasters eine detaillierte Darstellung anbieten und dadurch die Stärken und Schwächen des Prozesses aufzeigen. Die Weltbank könnte mit diesem Wissen durch gezielte Programme effektiv den jeweiligen Prozess aktiv unterstützten. Andererseits kann das Kriterienraster auch für eine exaktere Zielbestimmung dienen. Statt allgemein mehr Partizipation zu fordern, könnte die Weltbank mit der jeweiligen Regierung und den *stakeholders* festlegen, bei welchen Kriterien bis zu welchem Zeitpunkt welcher Fortschritt erfolgen soll.

Unabhängig von den möglichen Anwendungen durch die Weltbank hat sich das Raster für seinen Zweck, die Untersuchung der Partizipation, als sehr nützlich erwiesen. Das Raster wies bei keinem Kriterium einen regionalen oder kulturellen *bias* auf, der die Nützlichkeit für eines der Länder oder einen der PRS-Prozesse eingeschränkt hätte. Anhand des Kriterienrasters konnte eine klar unterteilte Messung und Bewertung der Partizipation und des sie ermöglichenden Umfelds durchgeführt werden. In den Ländern konnten sowohl Stärken als auch Schwächen deutlich erkannt werden. Eine bessere Datenbasis durch einen weiteren, gesamten PRSP-Zyklus anstatt der genutzten vorhergehenden Strategiepapiere und Recherchen vor Ort könnten die Ergebnisse auf eine noch fundiertere und unabhängigere Grundlage stellen.

Zukünftig erscheinen zwei Anwendungen des Kriterienrasters sinnvoll. Zum einen kann die Untersuchung auf weitere Länder und die folgenden Zyklen der jeweiligen PRS-Prozesse ausgeweitet werden. Zum anderen ist eine Kardinalisierung der Kriterien für weitere Untersuchungen denkbar. Diese Kardinalisierung würde erlauben, in Längsstudien oder Querstudien genauere Erkenntnisse über die Zusammenhänge zwischen unterschiedlichen Kriterien zu gewinnen, zum Beispiel den Zusammenhang zwischen Transparenz und der quantitativen Partizipation oder Bildung und dem Einfluss der Partizipation. Außerdem könnte untersucht werden, wie sich Veränderungen der Kriterien auf die subjektive Einschätzung der Menschen hinsichtlich ihrer Selbstbestimmung und ihres Einflusses auf kollektive Entscheidungen auswirken. Ergebnisse dieser quantitativen und qualitativen Untersuchungen könnten eine Gewichtung der Kriterien erlauben und gegebenenfalls auf nicht beachtete Kriterien hinweisen. Wie die Anwendung des Kriterienrasters bei der Untersuchung der politischen und gesellschaftlichen Systeme der beiden Länder gezeigt hat, ist der Nutzen des Rasters nicht auf den PRS-Prozess beschränkt. In Zukunft könnten die Stärken des Kriterienrasters generell die Untersuchung und Förderung der Partizipation in politischen und gesellschaftlichen Systemen verbessern.

Literaturverzeichnis

Ablo, Emmanuel/Reinikka, Ritva (1998): Do Budgets Really Matter? Evidence from Public Spending on Education and Health in Uganda. 1998.

Administration and Cost of Elections Project (2000): Voter Registration. Uganda. 2000. Online unter: http://www.aceproject.org/main/samples/vr/vrx_w014.pdf [7.03.2004].

Adorno, Theodor W. (1997): Marginalien zu Theorie und Praxis. In: Gesammelte Schriften Band 10. Zweite Hälfte. Frankfurt am Main 1997. S. 759-782.

Almond, Gabriel/Verba, Sidney (1963): The Civic Culture. Political Attitudes and Democracy in Five Nations. Princeton 1963.

Amnesty International Deutschland (2003): Jahresbericht 2003. Uganda. http://www2.amnesty.de/internet/deall.nsf/51a43250d61caccfc1256aa1003d7d38/5210f11866721027c1256d320049a923?OpenDocument [08.03.2004].

Andreski, Stanislav (1969): The Uses of Comparative Sociology. Berkeley 1969.

Appleton, Simon (2001): Poverty reduction during growth. The case of Uganda. 1992-2000. 2001.

Auswärtiges Amt (2003): Länderinfos. Uganda. Online unter: http://www.auswaertigesamt.de [Stand Oktober 2003].

Baaijen, Andreas van/Hackländer, Karsten (2001): Die PRSP-Initiative in Nicaragua – ein mehr als zweifelhafter Erfolg. In: ÖFSE (Hrsg.): Österreichische Entwicklungspolitik. Berichte, Analysen, Informationen. Themenschwerpunkt PRSP. Neue Ansätze zur Armutsbekämpfung. Wien 2001. S. 19-20.

Baldizón, Don Yader [ÖFSE] (2002): Strategie des wirtschaftlichen Wachstums und der Verringerung der Armut. November 2002.

Banco Central de Nicaragua (2004): Monthly Economic Indicators. I- 1 Gross Domestic Product. [12.03.2004].

Banco Central de Nicaragua (2004b): Monthly Economic Indicators. VII- 6 Central Government Expenditures. [27.03.2004].

Banco Central de Nicaragua (2004c): Monthly Economic Indicators. VII- 7 Central Government Financing. [27.03.2004].

Bau, Michael (1981): Politische Partizipation und Entwicklung. Kritik theoretischer und empirischer Befunde zur politischen Partizipationsforschung unter besonderer Berücksichtigung der politischen Partizipation marginaler städtischer Gruppen in Lateinamerika. Heidelberg 1981.

Benz, Matthias/Stutzer, Alois (2002): Are Voters Better Informed When They Have a Larger Say in Politics? Evidence for the European Union and Switzerland. Working Paper No. 119. Institute for Empirical Research in Economics. University of Zurich. November 2002.

Bertelsmann Stiftung [Hrsg.] (2004): Bertelsmann Transformation Index 2003. Auf dem Weg zur marktwirtschaftlichen Demokratie. Gütersloh 2004.

Bliss, Frank (2000): Von der Mitwirkung zur Selbstbestimmung. Grundelemente einer partizipativen Entwicklungszusammenarbeit. In: Aus Politik und Zeitgeschichte. Nummer 9 vom 25. Februar 2000. S. 3-8.

BMZ (1999): Übersektorales Konzept: Partizipative Entwicklungszusammenarbeit. Bonn 1999.

BMZ (2000): Langfristige Wirkungen deutscher Entwicklungszusammenarbeit und ihre Erfolgsbedingungen. Eine Ex-post Evaluierung von 32 abgeschlossenen Projekten (BMZ Spezial Nr. 19). Bonn 2000.

BMZ (2002): Partizipation in der Entwicklungszusammenarbeit. Eine Stellungnahme des Wissenschaftlichen Beirats beim BMZ. Bonn 2002.

Booth, David/Lucas, Henry [ODI] (2001): Desk Study of Good Practice in the Development of PRSP Indicators and Monitoring Systems. Final Report. London 2001.

Booth, David et al. (2003): Poverty and Social Impact Analysis. The strategic exports initiative in Uganda. März 2003.

Brady, E. Henry/Verba, Sidney/Schlozman, Kay Lehman (1995): Beyond SES. A Resource Model of Political Participation. In: The American Political Science Review. Volume 89, Number 2. Juni 1995. S. 271-294.

Brinkerhoff, Derick W./Goldsmith, Arthur A. (2003): How Citizens Participate in Macroeconomic Policy. International Experience and Implications for Poverty Reduction. In: World Development. Volume 31, Issue 4. April 2003. S. 685-701.

Brock, Karen [IDS] (1999): It's not wealth that matters – it's peace of mind too.' A Review of Participatory Work on Poverty and Illbeing. 1999.

Brock, Karen/McGee, Rosemary/Ssewakiryanga, Richard [IDS] (2002): Poverty Knowledge and Poverty Processes. A Case Study of Ugandan National Poverty Reduction Policy. August 2002.

Church of Sweden (2003): Reducing poverty or repeating mistakes? A civil society critique of Poverty Reduction Strategy Papers. 2003.

CIA (2003): World Factbook 2003. Online unter: http://www.cia.gov/cia/publications/factbook/ [Stand 18.12.2003].

CIDA [Canadian International Development Agency] (2001): Civil Society, the Private Sector and the PRSP Approach. A Round Table Facilitated by CIDA. Summary Report. Hull 13. Dezember 2001.

Commonwealth Local Government Forum (2000): Innovative Practices and Reform in Commonwealth Local Government. Country Profile: Uganda. London 2000. Online unter: http://www.clgf.org.uk/pdf/cp_Uganda.pdf [5.03.2004].

Cooke, Bill/Kothari, Uma (2001): Participation. The New Tyranny? London 2001.

Corbett, Jenny/Irwin, Gregor/Vines, David (ohne Jahr): From Asian Miracle to Asian Crisis. Why Vulnerability, Why Collapse? Online unter: http://www.rba.gov.au/PublicationsAndResearch/Conferences/1999/CorbettIrwin Vines.pdf [19.03.2004].

DAC (1996): Shaping the 21st Century: The Contribution of Development Co-operation. Paris 1996.

DAC (1997): Evaluation of Programs Promoting Participatory Development and Good Governance. Paris 1997.

Dahl, Robert A. (1989): Democracy and its Critics. New Haven 1989.

Dahl, Robert A. (1990): After the Revolution? Authority in a Good Society. Revised Edition. New Haven 1990.

Der Fischer Weltalmanach 2002 (2001). Frankfurt am Main 2001.

Deutsch, K.W. (1961): Social Mobilization and Political Development. In: The American Political Science Review, Volume 55, Number 3. September 1961.

Development Committee (1999): Communiqué 27. September 1999.

Dubois, Jean-Luc/Mahieu, François-Régis/Poussard, Aurélie (2002): Social Sustainability as a Component of Human Development. 2002.

Eberlei, Walter (2001): Institutionalised Participation in Processes Beyond the PRSP. 2001. Online unter: http://www.worldbank.org/poverty/strategies/review/gtz1a.pdf [6.08.2003].

Eberlei, Walter (2002): Partizipation in der Armutsbekämpfung. Mindeststandards für zivilgesellschaftliche Beteiligung in nationalen PRS-Prozessen. In: Schriftenreihe Gerechtigkeit und Frieden. Arbeitspapier 96. Bonn 2002.

Eberlei, Walter/Henn, Heike (2003): Parlamente in Subsahara-Afrika. Akteure der Armutsbekämpfung? Studie im Auftrag der Deutschen Gesellschaft für Technische Zusammenarbeit (GTZ). Eschborn 2003.

Eberlei, Walter/Siebold, Thomas (2002): Armutsbekämpfung in Afrika. Neue Ansätze oder alte Konzepte? INEF Report 64/2002. Duisburg 2002.

Falk, Gertrud (2003): Poverty Reduction Strategy Papers. Eine Chance zur Bekämpfung ländlicher Armut in Subsahara-Afrika? INEF Report 72/2003. Duisburg 2003.

Finanzminister der G7 (1999): Report of G7 Finance Ministers on the Köln Debt Initiative to the Köln Economic Summit. Juni 1999. Online unter: http://www.g8.utoronto.ca/finance/fm061899.htm [20.03.2004].

Fraenkel, Ernst (1991): Deutschland und die westlichen Demokratien. Frankfurt am Main 1991.

Freedom House (1999): News of the Century.Press Freedom 1999. New York 1999.

Freedom House (2000): Censor Dot Gov. The Internet and Press Freedom. New York 2000.

Freedom House (2001): Press Freedom Survey 2001. The Internet in Flux. New York 2001.

Freedom House (2002): The Annual Survey of Press Freedom 2002. New York 2002.

Freedom House (2003): Freedom in the World. Washington 2003. Online unter http://www.freedomhouse.org/research/freeworld/2003/ [Stand 8. Juli 2003].

Freedom House (2003b): Freedom of the Press 20003. A Global Survey of Media Independence. New York 2003.

Fremerey, Michael (1993): Kultur der Entwicklung. Zur Fragwürdigkeit von Entwicklungsparadigmen. Frankfurt am Main1993.

Frey, Bruno S./Kucher, Marcel/Stutzer, Alois (2001): Outcome, process and power in direct democracy. New econometric results. In: Public Choice. Volume 107, Issue 3. Juni 2001.

Gariyo, Zie [UDN] (2000): Citizen Involvement in the Budgetary Process in Uganda. 2000. Online unter http://www.worldbank.org/participation/ugandabudget.htm [5.03.2004].

Goldberg, Jörg (2000): Front gegen die Armut? Neue Strategien der Bretton-Woods-Institutionen. In: Blätter für deutsche und internationale Politik. Jahrgang 45 (2000), Nummer 4. S. 456-464.

Habermas, Jürgen et al. (1969): Student und Politik. Eine soziologische Untersuchung zum politischen Bewußtsein Frankfurter Studenten. Neuwied am Rhein 1969.

Habermas, Jürgen (1981): Theorie des kommunikativen Handelns. Band 1. Handlungsrationalität und gesellschaftliche Rationalisierung. Frankfurt am Main 1981.

Henkel, Heiko/Stirrat, Roderick (2001): Participation as Spiritual Duty. Empowerment as Secular Subjection. In: Cooke, Bill/Kothari, Uma: Participation. The New Tyranny? London 2001.

Hilberer, Wolfgang (2002): Aktuelle politische Stimmungslage in Uganda. Länderbericht der Konrad-Adenauer-Stiftung e.V. vom 22. Juli 2002. Online unter http://www.kas.de/publikationen/2002/510_dokument.html [5.03.2004].

Hilberer, Wolfgang (2004): Sieg der Democratic Party beim Obersten Gericht. Länderbericht der Konrad-Adenauer-Stiftung e.V. vom 5. Februar 2004. Online unter http://www.kas.de/publikationen/2004/4016_dokument.html [5.03.2004].

HWWA [Hamburgisches Welt-Wirtschafts-Archiv] (2004): Poverty Reduction Strategy Papers in Lateinamerika: Nicaragua. HWWA-Report 241. Hamburg 2004.

IBIS (ohne Jahr): Input for the PRSP Review. Poverty Reduction and Participation. Ohne Jahr. Online unter: http://www.eurodad.org/uploadstore/cms/docs/ibiscontributionprspreview.doc [12.03.2004].

IBIS (2001): The PRGF, conditions, participation and ownership. The Nicaraguan Case. November 2001. Online unter: http://www.eurodad.org/uploadstore/cms/docs/ibisprgf.doc [12.03.2004].

IBRD (1989): Articles of Agreement. 1989.

IDA (1960): Articles of Agreement. 1960.

IDA (2002): Uganda. Chairman's Summing Up. Poverty Reduction Strategy Paper Annual Progress Report and Joint IDA-IMF Staff Assessment of the Annual Progress Report. Meeting of the Executive Directors of IDA. 9. September 2003.

Instituto Nacional de Estadísticas y Censos (2002): Indicadores Básicos. 2002. Online unter http://www.inec.gob.ni/estadisticas/indicadoresemnv.htm [15. März 2004].

InWEnt (2004): Landesinformationsseiten. Uganda. Stand 15.02.2004. Online unter: http://www.dse.de/za/lis/uganda/ [4.03.2004].

IWF/IDA (o.J.): Guidelines for Joint Staff Assessments of PRSP Annual Progress Reports on Implementation. Ohne Jahr.

IWF/IDA (1997): Uganda. Final Document on the Initiative for Heavily Indebted Poor Countries (HIPC). 1997.

IWF/IDA (1998) Uganda. Initiative for Heavily Indebted Poor Countries Completion Point Document. 1998.

IWF/IDA (1999): Poverty Reduction Strategy Papers. Operational Issues. Online unter: http://www.imf.org/external/np/pdr/prsp/poverty1.htm [24.03.2003].

IWF/IDA (2000): Uganda. Initiative for Heavily Indebted Poor Countries. Second Decision Point Document. 2000.

IWF/IDA (2000b): Uganda. Initiative for Heavily Indebted Poor Countries. Second Completion Point Document. 2000.

IWF/IDA (2000c): Interim Poverty Reduction Strategy Papers (I-PRSPs). Guidance on I-PRSPs and Joint Staff Assessments of I-PRSPs. 2000.

IWF/IDA (2000d): Nicaragua. Joint Staff Assessment of the Interim Poverty Reduction Strategy Paper. 21. September 2000.

IWF/IDA (2000e): Uganda. Poverty Reduction Strategy Paper. Joint Staff Assessment. 31. März 2000.

IWF/IDA (2001): Guidelines for Joint Staff Assessment of a Poverty Reduction Strategy Paper. 2001.

IWF/IDA (2001b): Nicaragua. Poverty Reduction Strategy Paper. Joint Staff Assessment. 27. August 2001.

IWF/IDA (2001c): Uganda. Poverty Reduction Strategy Paper Progress Report. Joint Staff Assessment. 9. März 2001.

IWF/IDA (2002): Uganda. Updated Debt Sustainability Analysis and Assessment of Public External Debt Management Capacity.2002.

IWF/IDA (2002b): Nicaragua. Poverty Reduction Strategy Paper Annual Progress Report. Joint Staff Assessment. 19 November 2002.

IWF/IDA (2002c): Republic of Uganda. Poverty Reduction Strategy Paper Annual Progress Report. Joint Staff Assessment. 26. August 2002.

IWF/IDA (2003): Poverty Reduction Strategy Papers—Progress in Implementation. 2003.

IWF/IDA (2003b): Nicaragua. Joint Staff Assessment of the Poverty Reduction Strategy Paper Second Progress Report. 18. Dezember 2003.

IWF/IDA (2003c): Republic of Uganda. Joint Staff Assessment of the Poverty Reduction Strategy Paper Annual Progress Report. 13. August 2003.

IWF/IDA (2004): Nicaragua. Enhanced Heavily Indebted Poor Countries (HIPC) Initiative Completion Point Document. 6. Januar 2004.

Jakobeit, Cord (1999): Die Weltbank und ‚Menschliche Entwicklung'. In: E+Z. Band 40, Nummer 5. Mai 1999. S. 124-125.

Kleemeier, Elizabeth (2000): The Impact of Participation on Sustainability. An Analysis of the Malawi Rural Piped Scheme Program. In: World Development 28 (2000), Number 5. S. 929-944.

Knirsch, Thomas S./Hilberer, Wolfgang (2001): Präsidentschafts- und Parlamentswahlen in Uganda. In: KAS-Auslandsinformationen 8/01. 2001. S. 82-91.

Kolodko, Grzegorz W. (1998): Economic Neoliberalism Became Almost Irrelevant. In: Transition. Volume 9, Number 3. Juni 1998.

Kopsieker, Fritz (2003): Einen Schritt vorwärts und zwei zur Seite: Uganda auf dem Weg in den politischen Pluralismus. 2003.

Korten, David (1998): The Post-Corporate World. Life after Capitalism. San Francisco 1998.

Krafchik, Warren [International Budget Project] (ohne Jahr): Can civil society add value to budget decision-making? A description of civil society budget work. Ohne Jahr. Online unter: http://www.internationalbudget.org/resources/library/civilsociety.pdf [7.03.2004].

Kreft, Heinrich (1988): Entwicklung durch Partizipation. Münster 1988.

Künzli, Arnold (1987): Partizipation. Letzte Chance der Demokratie. In: Vorgänge 27 (1987). S. 29-45.

Lane, Robert E. (1959): Political Life. Why people get involved in politics. Glencoe 1959.

Leckow, Ross (2002): Conditionality in the International Monetary Fund. 2002. Online unter http://www.imf.org/external/np/leg/sem/2002/cdmfl/eng/leckow.pdf [19.03.2003].

Locke, John (1964): Two Treatises of Government. Cambridge 1964.

Massing, Peter/Breit, Gotthard (2003): Demokratie-Theorien. Von der Antike bis zur Gegenwart. Bonn 2003 (2. Auflage).

Maus, Ingeborg (1992): Zur Aufklärung der Demokratietheorie. Rechts- und demokratietheoretische Überlegungen im Anschluß an Kant. Frankfurt 1992.

McGee, Rosemary (2000): Analysis of Participatory Poverty Assessment (PPA) and household survey findings on poverty trends in Uganda. 2000.

McGee, Rosemary/Norton, Andy [IDS] (2000): Participation in Poverty Reduction Strategies. A Synthesis of Experience with Participatory Approaches to Policy Design, Implementation and Monitoring. IDS Working Paper 109. 2000.

McGee, Rosemary/Levene, Josh/Hughes, Alexandra [IDS] (2001): Assessing Participation in Poverty Reduction Strategy Papers: a Desk-Based Synthesis of Experience in sub-Saharan Africa. 2001.

Milbrath, Lester W. (1965): Political Participation. How and Why Do People get involved in Politics. Chicago 1965.

Millar, John (1985): Vom Ursprung des Unterschieds in den Rangordnungen und Ständen der Gesellschaft. Frankfurt am Main 1985.

Ministry of Finance, Planning and Economic Development Government of Uganda (2000): Uganda's Experience in Preparing the Poverty Reduction Strategy Paper. Paper presented at the Poverty Reduction Strategy Forum in Cote d'Ivoire. Juni 2000.

Ministry of Finance, Planning and Economic Development Government of Uganda (2001): Uganda's Poverty Eradication Action Plan. National Sustainable Development Strategy Principles Tested. Online unter: http://www.dip.go.ug/english/peap/muduuli_joburg.doc [16.03.2003].

Ministry of Finance, Planning and Economic Development Government of Uganda (2002): The Role for Participatory Monitoring and Evaluation in the PRSP. Uganda's Experience. Briefing notes for the International Conference on ‚Beyond the Review. Sustainable Poverty Alleviation and PRSP'. 2002.

Mosley, Paul/Harrigan, Jane/Toye, John (1995): Aid and Power. The World Bank and Policy-based Lending. Volume 1. London 1995.

Nauer, Moritz (2003): Beitrag zu einer modernen Demokratiekritik. 2003. Online unter: http://www.socio.ch/demo/t_mnauer1.htm [14.11.2003].

Nebelung, Michael (1986): Politische Partizipation und Entwicklung. Basisorientierte Projekte in Bangladesh. Frankfurt am Main 1986.

Needler, Martin C (1968): Political Development and Socioeconomic Development. The Case of Latin America. In: American Political Science Review. Volume 62, Number 3. 1968. S. 889-897.

Nester-Niedermann, Julie (1984): Participation in Development. An Evaluation of ‚Animation Rurale' in Senegal. Bloomington 1984.

Nie, Norman H./Powell, G. Bingham Jr./Prewitt, Kenneth (1969): Social Structure and Political Participation. Developmental Relationships. Part I. In: The American Political Science Review. Volume 63, Number 2. Juni 1969. S. 361-378.

Nohlen, Dieter/Nuscheler, Franz [Hrsg.] (1992): Handbuch der Dritten Welt. Bonn 1992.

Oakley, Peter (1995): People's Participation in Development Projects. Intrac Occasional Papers Series Number 7. Oxford 1995.

ODI (2001): PRSP Institutionalisation Study. Final Report. 2001. Online unter: http://www.odi.org.uk/pppg/publications/papers_reports/spa/ [13.08.2003].

OECD (1995): Guidelines on Participatory Development and Good Governance. Paris 1995

OECD (2001): The DAC Guidelines on Poverty Reduction. Paris 2001.

ÖFSE [Hrsg.] (2001): Österreichische Entwicklungspolitik. Berichte, Analysen, Informationen. Themenschwerpunkt PRSP. Neue Ansätze zur Armutsbekämpfung. Wien 2001.

Oxfam International (2004): From ‚Donorship' to Ownership. Moving Towards PRSP Round Two. Oxfam Briefing Paper 51. 2004.

Paine, Thomas (1958): The Rights of Man. London 1958.

Panos Institute (2002): Reducing Poverty. Is the World Bank's strategy working? Panos Report Nummer 45. 2002.

Republica de Nicaragua (2000): A Strengthened Poverty Reduction Strategy. August 2000.

Republica de Nicaragua (2000b): Constitución Política. Online unter http://www.asamblea.gob.ni/constitu.htm [12.03.2004].

Republica de Nicaragua (2001): A Strengthened Growth and Poverty Reduction Strategy. Juli 2001.

Republica de Nicaragua (2003): Strengthened Growth and Poverty Reduction Strategy. Second Progress Report. Managua November 2003.

Republic of Uganda (1995): The Constitution of the Republic of Uganda. 1995: Online unter: http://www.parliament.go.ug/Constitute.htm [04.03.2004].

Republic of Uganda (2000) Poverty Reduction Strategy Paper. Uganda's Poverty Eradicition Action Plan. Summary and Main Objectives. 24 März 2000.

Republic of Uganda (2001) Poverty Reduction Strategy Paper (PRSP). Progress Report 2001. Uganda Poverty Status Report 2001. Summary. 2. März 2001.

Republic of Uganda (2002): Summary of Background to the Budget 2001/2002. Uganda Poverty Reduction Strategy Paper Progress Report 2002. März 2002.

Republic of Uganda (2003): Uganda Poverty Status Report 2003. Achievements and Pointers for the PEAP Revision. Kampala 2003. Online unter: http://imagebank/servlet/WDS_IBank_Servlet?pcont=details&eid=000160016_20 030819102653 [2.03.2004].[576]

Reseña-Antonio, L. Itriago M. (2000): Nicaragua. In: The International Journal of Not-for-Profit Law. Volume 2 (2000), Issue 4. Online unter http://www.icnl.org/journal/vol2iss4/default.htm [12.03.2004].

Rostow, Walt Whitman (1960): The Stages of Economic Growth. A Non-Communist Manifesto. New York 1960.

Rousseau, Jean-Jaques (2003): Vom Gesellschaftsvertrag oder Grundsätze des Staatsrechts. Stuttgart 2003.

Sartori, Giovanni (1997): Demokratietheorie. Darmstadt 1997.

Scharpf, Fritz (1970): Demokratietheorie zwischen Utopie und Anpassung. Konstanz 1970.

Schmid, Georg (2000): Fragwürdige Entscheidungen des Obersten Wahlrates von Nicaragua. Länderbericht der Konrad-Adenauer-Stiftung e.V. vom 11. September 2000. Online unter http://www.kas.de/publikationen/2000/2684_dokument.html [15.03.2004].

Schmid, Georg (2001): Präsidentschafts- und Parlamentswahlen in Nicaragua am 4. November 2001. In: KAS-Auslandsinformationen 12/01. S. 87-108.

Schmidt, Manfred G. (2000): Demokratietheorien. Eine Einführung. Opladen 2000 (3. Auflage).

Schubert, Bernd/Berg, Christian (2002): Beyond the Review. Sustainable Poverty Alleviation and PRSP. Wiesbaden 2002.

Schumpeter, Joseph (1950): Kapitalismus, Sozialismus und Demokratie. Tübingen 1950 (6. Auflage).

---

[576] Es gibt zwei unterschiedliche Versionen des Progress Reports 2003 auf den Seiten der Weltbank. Diese sind allerdings nicht unterschiedlich gekennzeichnet. Die hier verwendete und zitierte Version ist unter dem angegebene Link zusammen mit dem zugehörigen Joint Staff Assessment einsehbar.

Sehring, Jenniver (2003): Post-Washington Consensus und PRSP – Wende in der Weltbankpolitik? Areitspapier 23 des Instituts für Ethnologie und Afrikastudien. Mainz 2003.

Sen, Amartya (2000): Ökonomie für den Menschen. Wege zu Gerechtigkeit und Solidarität in der Marktwirtschaft. München 2000.

Smith, Adam (1958): The Wealth of Nations. London 1958.

Stiglitz, Joseph E. (2002): Globalization and its Discontents. New York 2002.

The Columbia Encyclopedia (2004). Sixth Edition. New York 2001–04. Stand Januar 2004. Online unter www.bartleby.com/65/. [12.03.2004].

The World Guide 2001/2002 (2001). Oxford 2001. Zitiert nach: General Board of Global Ministries: Uganda, Country Statistics. Online unter: http://gbgm-umc.org/country_profiles/country_statistics.cfm?Id=175 [15.03.2004].

Thiele, Rainer/Wiebelt, Manfred (2000): Sind die Anpassungsprogramme von IWF und Weltbank gescheitert? Eine Bilanz der Erfahrungen von zwei Jahrzehnten. Kieler Diskussionsbeiträge Nummer 357. Kiel 2000.

Transparency International (2003): Transparency International Corruption Perceptions Index 2003. Berlin 2003.

TROCAIRE (2002): PRSPs – Policy & Practice in Honduras and Nicaragua (2002). Trócaire's contribution to the World Bank / IMF PRSP review process. January 2002

Uganda Bureau of Statistics (2002): The 2002 Uganda Population and Housing Census. Provisional Report. Entebbe 2002. Online unter: http://www.ubos.org/provresreport.pdf [11.03.2004].

Uganda Debt Network (ohne Jahr): The Reality of Aid. Aid and Poverty Reduction Strategies. Ohne Jahr.

UNDP (2003): Human Development Report 2003. Millennium Development Goals. A compact among nations to end human poverty. Oxford 2003. Online unter: http://www.undp.org/hdr2003/ [9.07.2003].

Verba, Sidney/Nie, Norman H./Kim, Jae-On (1978): Participation and Political Equality. A Seven Nation Comparison. Cambridge 1978.

Weber, Max (1992): Die protestantische Ethik und der ‚Geist' des Kapitalismus. Düsseldorf 1992.

WEED [World Economy, Ecology & Development] (2002): Armutsstrategiepapiere (PRSP) - Neuanfang in der Strukturanpassungspolitik von IWF und Weltbank? Wirtschaftspolitik und Armutsbekämpfung in den PRSPs von Bolivien, Burkina Faso, Mauretanien, Tansania und Uganda. Berlin 2002.

Weltbank (ohne Jahr): Interim Guidelines for Poverty Reduction Support Credits. Online unter:http://wbln0018.worldbank.org/html/eswwebsite.nsf/PRSC/Guidelines+PRSC?OpenDocument [11.01.2004].

Weltbank (Technote2): TN 2. Case Example. Uganda's Poverty Reduction Strategy (PEAP). Ohne Jahr. Online unter: http://www.worldbank.org/participation/PRSP/technotes/tn2.htm [08.03.2004].

Weltbank (Technote15): TN 15: Can the Poor Influence the Budget? Case of Uganda. Case Example. Uganda Participatory Poverty Assessment Process (UPPAP). Ohne Jahr. Online unter: http://www.worldbank.org/participation/PRSP/technotes/tn15.htm. [08.03.2004].

Weltbank (1994): Adjustment in Africa. Reforms, Results, and the Road Ahead. New York 1994.

Weltbank (1994b): The World Bank and Participation. 1994.

Weltbank (1996): The World Bank Participation Sourcebook. Washington 1996.

Weltbank (1997): Uganda Strategy [CAS]. 1997.

Weltbank (1997b): World Development Report 1997: The State in a Changing World. New York 1997.

Weltbank (1999): Participatory Approaches to Country Assistance Strategies: Lessons from Africa. In: Social Development Notes. Nummer 48. Oktober 1999.

Weltbank (1999b): Chairman's Summing Up of World Bank Board Discussion of Joint Bank-Fund Paper on 'Poverty Reduction Strategy Papers: Operational Issues'. 20. Dezember 1999.

Weltbank (2000): Lessons from Uganda on Strategies to Fight Poverty. Policy Research Working Paper. Nummer 2440. September 2000.

Weltbank (2000b): World Development Report 2000/2001. Attacking Poverty. New York 2000.

Weltbank (2000c): Uganda CAS. Public Information Notice. World Bank Board Discusses Uganda Country Assistance Strategy. PIN59. 2000.

Weltbank (2000d): Poverty Reduction Strategy Papers Internal Guidance Note. 2000.

Weltbank (2000e): Memorandum of the President of the International Development Association and the International Finance Corporation to the Executive Directors on a Country Assistance Strategy of the World Bank Group for the Republic of Uganda. 2000.

Weltbank (2000f): Partners in Transforming Development: New Approaches to Developing Country-Owned Poverty Reduction Strategies. 2000.

Weltbank (2000g): Voices of the Poor. Washington 2000.

Weltbank (2001): Uganda Country Assistance Evaluation. Volume 1. Main Report. 2001.

Weltbank (2001b): Uganda Country Assistance Evaluation. Volume 2. Uganda Stakeholder Voices: Perceptions of the World Bank's Country Assistance Strategy. 2001.

Weltbank (2001c): The World Bank's Poverty Reduction Support Credit (PRSC)—a new approach to support policy and institutional reforms in low income countries. In: Working on Administrative & Civil Service Reform. Volume 1, Number 2 (November 2001). Online unter http://www1.worldbank.org/publicsector/civilservice/acrext/vol1page3.pdf [20.03.2004].

Weltbank (2001d): Nicaragua Poverty Assessment. Challenges and Opportunities for Poverty Reduction. Volume 1. Main Findings. 2001.

Weltbank (2002): A Sourcebook for Poverty Reduction Strategies. Volume 1. Core Techniques and Cross-Cutting Issues. Washington 2002.

Weltbank (2002b): Public Expenditure Review. Improving the Poverty Focus of Public Spending. 2002.

Weltbank (2002c): Memorandum of the President of the International Development Association and the International Finance Corporation to the Executive Directors on a Country Assistance Strategy of the World Bank Group for the Republic of Nicaragua. 2002.

Weltbank (2002d): Uganda. Policy, Participation, People. Findings 212. August 2002.

Weltbank (2002e): The Republic of Uganda Public Expenditure Review. Report on the Progress and Challenges of Budget Reforms. 23. September 2002.

Weltbank (2002f): Promoting Competitiveness and Stimulating Broad-based Growth in Agriculture. Washington 2002.

Weltbank (2003): Country Brief. Uganda. 2003.

Weltbank (2003b): World Development Report 2004. Making Services Work for Poor People. Washington 2003. Online unter: http://econ.worldbank.org/wdr/wdr2004/text-30023/ [23.09.2003].

Weltbank (2003c): Toward Country-led Development. A Multi-Partner Evaluation of the Comprehensive Development Framework. Synthesis Report. Washington 2003.

Weltbank (2003d): World Development Report 2003. Sustainable Development in a Dynamic World. Washington 2003.

Weltbank (2003e): Jahresbericht des Deutschen Exekutivdirektors. Geschäftsjahr 2003. 2003.

Wernicke, Immo H. (1976): Die Bedingungen politischer Partizipation. Eine international vergleichende Kontext- und Aggregatdatenanalyse für Großbritannien, Norwegen, Deutschland (BRD) und Frankreich. Meisenheim am Glan 1976.

Williamson, John (2000): What Should the World Bank Think about the Washington Consensus? In: The World Bank Research Observer. Volume 15, Number 2. August 2000. S. 251–64.

Willig, Reinhard (2003): Aktuelles zur politischen Entwicklung in Nicaragua. Länderbericht der Konrad-Adenauer-Stiftung e.V. vom 29. August 2003. Online unter http://www.kas.de/publikationen/2003/2582_dokument.html [15.03.2004].

Willig, Reinhard (2003b): Die politische Krise hält an. Die wirtschaftliche Situation verbessert sich leicht. Länderbericht der Konrad-Adenauer-Stiftung e.V. vom 24. Juni 2003. Online unter http://www.kas.de/publikationen/2003/1990_dokument.html [15.03.2004].

Wolfensohn, James D. (1997): The Challenge of Inclusion. 1997 Annual Meetings Address. Hongkong 23. September 1997.

Wolfensohn, James D. (1998): The Other Crisis. Address to the Board of Governors. Washington, D.C. 6. Oktober 1998.

Wolfensohn, James D. (1999): A Proposal for a Comprehensive Development Framework. A Discussion Draft. 1999.

Wolfensohn, James D./Fischer, Stanley (2000): The Comprehensive Development Framework (CDF) and Poverty Reduction Strategy Papers (PRSP). 5. April 2000.

Zimpel, Gisela (1970): Der beschäftigte Mensch. Beiträge zur sozialen und politischen Partizipation. München 1970.

Zimpel, Gisela (1972): Selbstbestimmung oder Akklamation? Politische Teilnahme in der bürgerlichen Demokratietheorie. Stuttgart 1972.

Zukin, Sharon/DiMaggio, Paul (1990): Structures of Capital. The Social Organization of the Economy. Cambridge 1990.

Genutzte Informationsquellen im Internet

Asamblea Nacional de la República de Nicaragua: http://www.asamblea.gob.ni/
Auswärtiges Amt: http://www.auswaertiges-amt.de/
Bretton Woods Project: http://www.brettonwoodsproject.org/
Ethnologue: http://www.ethnologue.com/
Eurodad: http://www.eurodad.org/
Government of Uganda: http://www.government.go.ug/
Instituto Nacional de Estadísticas y Censos: http://www.inec.gob.ni/
International Monetary Fund [IMF]: http://www.imf.org/
Jubilee South: http://www.jubileesouth.org/
Mail&Guardian (Zeitung Südafrika): http://www.mg.co.za/
Monitor (Zeitung Uganda): http://www.monitor.co.ug/
New Vision (Zeitung Uganda): http://www.newvision.co.ug/
Parliament of Uganda: http://www.parliament.go.ug/
Perspektive 2015: http://www.2015.venro.org/
Presidencia de la República de Nicaragua: http://www.presidencia.gob.ni/
PRSP-Watch: http://www.prsp-watch.de/
The Economist (Zeitung Großbritannien): Online unter: http://www.economist.com/
Uganda Bureau of Statistics: Online unter: http://www.ubos.org/
Weltbank: http://www.worldbank.org/
World Learning: http://www.worldlearning.org/

Abkürzungsverzeichnis

AMUNIC	Association of Nicaraguan Municipalities
BIP	Bruttoinlandsprodukt
BMZ	Bundesministerium für wirtschaftliche Zusammenarbeit und Entwicklung
BTI	Bertelsmann Transformation Index
CAS	Country Assistance Strategy
CCER	Civil Coordinator for Emergency and Reconstruction
CDF	Comprehensive Development Framework
CED	Centro de Educación para la Democracia
CIDA	Canadian International Development Agency
CONPES	National Council for Social and Economic Planning
CSO TF	Civil Society Task Force
DAC	Development Assistance Committee
DFID	Department for International Development
ESAF	Enhanced Structural Adjustment Facility
ESW	Economic and Sector Work
FAO	Food and Agricultural Organisation
FH	Freedom House
FSLN	Frente Sandinista de Liberación Nacional
HDI	Human Development Index
HDR	Human Development Report
HIPC-Initiative	Heavily Indebted Poor Countries Initiative
HIV/AIDS	Human Immunodeficiency Virus/ Acquired Immunodeficiency Syndrome
IBRD	International Bank for Reconstruction and Development
ICSID	International Center for the Settlement of Investment Disputes
IDA	International Development Association
IDS	Institute of Development Studies
IFC	International Finance Corporation
IFIs	Internationale Finanzinstitutionen
INIFOM	Nicaraguan Institute for Municipal Development
I-PRSP	Interim-PRSP
IWF	InternationalerWährungsfonds
JSA	Joint Staff Assessment
LGDP	Local Government Development Programme
LRA	Lord's Resistance Army
MDG	Millenium Development Goals
MIGA	Multilateral Investment Guarantee Agency
MTEF	Medium Term Expenditure Framework

MUL	Movimiento de Unidad Liberal
NDP	Plan Nacional de Desarrollo
NRA	National Resistance Army
NRC	National Resistance Council
NRM	National Resistance Movement
NRO	Nichtregierungsorganisation
ODI	Overseas Development Institute
OECD	Organisation for Economic Co-operation and Development
PAEBANIC	Programa de Alfabetización y Educación Básica de Adultos de Nicaragua
PAF	Poverty Action Fund
PANic	Nicaragua Environment Plan
PAP	Participatory Action Plan
PC	Partido Conservador
PCC	Partido Camino Cristiano
PEAP	Poverty Eradication Action Plan
PFP	Policy Framework Paper
PLC	Partido Liberal Constitucionalista
PMU	Poverty Monitoring Unit
PPA	Participatory Poverty Assessment
PRANAFP	National Program for the Analysis and Formulation of Public Policy
PRGF	Poverty Reduction and Growth Facility
PRS	Poverty Reduction Strategies
PRSC	Poverty Reduction Support Credit
PRSP	Poverty Reduction Strategy Paper
PSR	Poverty Status Report
SAP	Strukturanpassungsprogramm
SDA	Social Dimension of Adjustment
SECEP	Secretaría de Coordinación y Estrategia de la Presidencia
SETEC	Secretaría Técnica de la Presidencia
SIGFA	Integrated System for Financial Management and Auditing
SPRS	Strengthened Poverty Reduction Strategy
UDEL	Democratic Liberation Union
UDN	Uganda Debt Network
UMWA	Uganda Media Women's Association
UNDP	Entwicklungsprogramm der Vereinten Nationen
UNICEF	United Nations Children's Fund
UNO	Unión Nacional Oppositora
UNRISD	United Nations Research Institute for Social Development
UPE	Universal Primary Education
UPPAP	Uganda Participatory Poverty Assessment Process
WSSD	World Summit for Social Development

Danksagung

Die vorliegende Arbeit entstand als Magisterarbeit an der Ludwig-Maximilians-Universität München. Deshalb möchte ich zunächst und vor allem Herrn Professor Dirk Messner für seine Unterstützung und die Betreuung der Arbeit danken. Darüber hinaus waren die Anregungen von Herrn Professor Frank Schimmelfennig und Herrn Professor Jürgen Neyer immer ein Gewinn für diese Arbeit.

Mein besonderer Dank gilt Ninja Klein für ihre dauerhafte Unterstützung und das unermüdliche Korrekturlesen in den letzten Tagen und Nächten. Kassian Stroh und Rüdiger Kronthaler haben wichtige Teile der Arbeit redigiert und dabei die Lesbarkeit deutlich erhöht.

Zuletzt möchte ich insbesondere meinen Eltern Dank sagen. Sie haben mich immer vorbehaltlos unterstützt.

www.ingramcontent.com/pod-product-compliance
Lightning Source LLC
Chambersburg PA
CBHW022325280326
41932CB00010B/1233